ZUO CHENGZHANG DE ZHUREN

做成长的主人

吴牧天◎著

接力出版社
Publishing House

图书在版编目（CIP）数据

做成长的主人 / 吴牧天著 . —2 版 . —南宁：接力出版社，2018.4（2024.3 重印）
（管好自己就能飞系列）
ISBN 978-7-5448-5372-9

Ⅰ . ①做… Ⅱ . ①吴… Ⅲ . ①自我管理 – 青少年读物 Ⅳ . ① C912.1–49

中国版本图书馆 CIP 数据核字（2018）第 026210 号

责任编辑：楚亚男　　美术编辑：崔欣晔　　封面设计：崔欣晔
责任校对：高　雅　　责任监印：刘　冬
社长：黄　俭　　总编辑：白　冰
出版发行：接力出版社　　社址：广西南宁市园湖南路 9 号　　邮编：530022
电话：010–65546561（发行部）　　传真：010–65545210（发行部）
http://www.jielibj.com　　E-mail:jieli@jielibook.com
经销：新华书店　　印制：河北鹏润印刷有限公司
开本：880 毫米 ×1250 毫米　1 /32　　印张：8.75　　字数：180 千字
版次：2017 年 1 月第 1 版　2018 年 4 月第 2 版　　印次：2024 年 3 月第 10 次印刷
印数：141 401—146 400 册　　定价：39.00 元

质量服务承诺：如发现缺页、错页、倒装等印装质量问题，可直接联系本社调换。
服务电话：010–65545440

目　录

第三单元 改善方法，更好地当成长的主人

序　你的成长，谁也无法代替

吴甘霖

牧天新书《做成长的主人》就要出版了，这是他“自我管理三部曲”的第三部。作为他的爸爸，我一方面为他不断成长，而且在大学阶段就出版三部对青少年有借鉴意义和帮助的作品而高兴；另一方面，我也想结合他成长的过程，与众多青少年朋友说点心里话。

我要说的是：成长很重要，但成长是每个人自己的事情。其他人，哪怕是至亲至爱的人，都无法代替。

我不由得想起当初带牧天还有他的表弟彦博一起去学游泳的情景。

当时他在长沙上初中，而我早几年已在北京工作。当那个暑假，他和他表弟来北京与我一起生活时，我惊讶地发现，他竟然是只“旱鸭子”。于是，我就带他们一起去学游泳。

到了游泳池，我先对他们进行游泳的技能教育，之后就做了一次示范——从长长的游泳池的这一头，一口气潜水到那一头，让他们羡慕不已。然后我就让他们开始游泳。

出乎我意料的是，彦博比牧天小几岁，之前也不会游泳，却比他更早学会。原因是什么呢？他比牧天更愿意学，也更勇敢。学游泳，呛水是免不了的。但他呛水后，哪怕已经两眼流泪甚至满脸通红，但咬咬牙，很快又扑向水中。

而牧天呢？每呛一次水，他就躲躲闪闪好久，或找借口离开，或东张西望，好像等待着哪个救世主出现，帮自己一把。

于是，我引导牧天思考："你真的想学会游泳吗？"他想了想，很认真地点了点头。"你羡慕爸爸和彦博吗？"他又点点头。"那我们游得再好，能代替你学会吗？"这下他摇头了。

"那你怎么办呢？"

他说："自己该呛的水，躲也躲不开啊！"说完，他也像彦博那样，一次一次扑向水中。尽管之后也会胆怯、拖延，但他还是不断向自己挑战。最终，在那个假期快结束时，他也能像一只快乐的鸭子一样，在水中游弋自如了。

这个小小的故事，其实是他成长过程的一个缩影。其实，他从小时候开始，就有着许多这样那样的问题和臭毛病：不讲个人卫生，家庭作业总要人催，甚至打架——打得全班同学没有谁敢靠近他，甚至有一次还打了我一巴掌。当然，打电子游戏通宵不睡觉这样的"光辉事迹"也没有落下，成绩自然也曾一落千丈。

但正是因为有了类似学游泳这样的体验，当他自己认识到，或者有时候别人帮他认识到这样那样的问题时，他没有躲避，而是不断承担责任，勇于向自己挑战，最终成就了今天的牧天。

那么，这个学游泳的故事以及类似的故事，对成长中的你，有哪些可以借鉴的地方呢？

我认为，也许有这么几点：

1.成长总是从问题开始的。起点低不可怕，有问题不可怕，关键是你要有一颗让自己成长的心，并愿意为此付出努力。

2.要明白，自己的成长，别人无法代替，这是最重要的一点。懂得了这一点，就掌握了成功的金钥匙。

3. 成长的代价往往是痛苦，但人们往往不愿意接受痛苦。只有对自己真正负责的人，才乐于接受这份痛苦，但是，这种接受却很有价值：

破茧成蝶的那一刻虽然很难受，但同时也会十分美丽与美好。

摆在青少年读者面前的这本《做成长的主人》，其实也是牧天再次突破自我的产物。

一方面，他继续他前面所写《管好自己就能飞》《自觉可以练出来》的风格：亲切、自然，好像与同学朋友谈心一样，在分享自己的经历与生动的故事的同时，让读者得到有用的感悟与方法。另一方面，这本书相对于前两本书又有较大超越：

第一，增加了不少前面两本书没有的新鲜案例与资料。

第二，从个人的经历，大大拓展到了广大青少年在成长过程中普遍遇到也亟待解决的重要问题。从“担起责任，你该当成长的主人”“强化信心，你能当成长的主人”“改善方法，更好地当成长的主人”“养成习惯，确保当成长的主人”4 个方面，帮助大家解决成长中的 22 个关键问题。这样的探究，不仅更全面，而且在某些角度也更有针对性、更为有效。

第三，书中语言均源自他最真切的感受，他也开始形成自己的创作风格，如“我们不再向世界撒娇，就开始长大了”“口袋一时有钱，不如自己长久值钱”等等。

前两本都是吴牧天著，由我写点评。本来，出版社的编辑也希望这本书保持原有风格，由我再写点评。但是看完书稿，我们都发现：牧天已经开始以一种更为成熟的方式，能更好地与广大青少年读者交流了。如果我再写点评，可能真会画蛇添足了。

现在的我，不仅为他不断超越自己而高兴，也为他主动提炼成长中的问题与方法、坚持以为青少年负责的态度写作此书而欣慰。当然，我更期望他戒骄戒躁，以更谦虚和更努力的态度，去开创美好的未来。

在青少年时期做成长的主人，你就能做好自己一生的主人。

为此，我要把我接受中央电视台采访时说的一段话，再次送给牧天，同时也送给期望自己好好成长的广大青少年：

别人也许可以给你提供天空，但却提供不了腾飞的翅膀；别人也许可以给你提供道路，但却提供不了奔跑的双腿。

你必须学会自我负责、自我管理、自我成长！

（吴甘霖，著名管理学家、方法学家，也是作者的父亲，历任《中国青年报》资深记者、香港中华文化传播集团副总裁、世界青年成功学会副会长等职。同时也是培养自主型孩子的教育代表作《孩子自觉我省心》作者之一。）

第一单元

担起责任，你该当成长的主人

第一章

当我们不再向世界撒娇，就开始长大了

1. 当我们不再以自我为中心，就开始受欢迎了
2. 当我们不再抱怨，世界就变美了
3. 当我们不再期望生活有求必应，就知道该如何努力了

1. 当我们不再以自我为中心，就开始受欢迎了

先和大家分享我的一个小故事吧。

元宵节，是一个象征团圆的节日。到美国读书之前，每年元宵节，我都能和家人围在一起吃热腾腾、甜滋滋的汤圆。然而，对于在美国读书，已经五年没有在家过年、过元宵节的我来说，“每逢佳节倍思亲”的感觉格外刻骨铭心。

今年元宵节，我来到一家东方食品超市买汤圆。与其说是去“买”，不如说只是去碰碰运气，因为我们学校里的中国学生很多，而卖汤圆的超市就只有两三家。匆匆忙忙在这个时间点赶到超市，要买到汤圆估计很难。但当我走到冰柜前，却惊喜地发现竟然还有三包汤圆！我迅速把这三包汤圆全部放入购物篮。

这时，我突然想到，万一还有其他像我一样过节特别想吃汤圆的同学来这儿买不到汤圆，会不会失望难过呢？我们

公寓一共四个人，其实买两包应该也够吃了。想到这儿，我把其中一包汤圆放了回去。

就在我正要去结账时，我看到两个中国学生走向冰柜，其中一人拿起了最后一包汤圆，笑得特别幸福，说："真幸运，最后一包汤圆被我们买到了。"

那一瞬间，我因为他们的幸福，也感到非常幸福。

这是生活中一件很小的事。但是，身边一些朋友得知这件事的时候，都纷纷夸奖我，说在那个时候，可能大多数人都做不到。因为人们买东西时，往往都会优先满足自己的需求，谁又会主动去为别人着想呢？还有同学称赞我说："天哥，你能这样为他人着想，难怪平时这么受大家欢迎。"

同学的评价让我很感动。回想我的成长过程，最难得的变化之一，就是从只为自己考虑、事事以自我为中心到主动关心他人感受、帮助他人。当然，这也直接让我变得更受欢迎。

我不由得想起我第一次去北京旅游的情景。那年我刚从长沙的小学毕业，在北京工作的爸爸带我去天安门，爸爸发现街边有人在卖 5 元钱一个的纪念品，就递给我 100 元钱，说我可以买 20 个带回长沙送给朋友，还问我："够不够？"

爸爸根本没有想到的是，我竟然双手一甩，说什么也不肯接钱，说："不，我一个也不买！"爸爸问我为什么，我气鼓鼓地说："他们对我又不好，我为什么要买东西给他们？"

我记得很清楚，当时爸爸脸上的表情很复杂——既震惊，又难过。之后，爸爸语重心长地告诉我，他觉得我没有朋友、人缘不好的原因，是我的人际观有问题。

那么，我是怎样转变过来的呢？

之后，爸爸带我参观了清华大学。在校门口，我看到了清华大学的校训："自强不息，厚德载物。"我问爸爸这是什么意思，爸爸告诉我说是出自孔子注释《易经》乾卦和坤卦的话："天行健，君子以自强不息；地势坤，君子以厚德载物。"前半句告诉我们，要处理好自己与自己的关系；后半句告诉我们，要处理好自己与别人的关系。

那时的我，不能完全理解其中的意思，但我的内心还是受到了很大的触动。之后，爸爸又给我看戴尔·卡耐基的作品《人性的弱点》，与我讨论，还让我与其他小朋友一起交流。

在阅读、交流和思考中，我的感触非常深，我还为此写了一篇文章——《赢得朋友的五个方法——〈人性的弱点〉读后感》，其中最关键的有这么几点：

你想要别人怎么对待你，你就要先学会怎么对待别人。

一个人越是以自我为中心，就越不受欢迎。

越能关心他人的感受，越能尊重人、关心人，赢得的朋友就越多。

从那以后，我就一直把尊重他人、关心他人、帮助他人作为自己为人处世的原则，我也切实享受到了这种走出以自我为中心的好处——我收获了更多肯定，也赢得了更多朋友。且看我前不久上领导力课时的一个小细节：

我们的领导力课非常有意思。课上，同学们根据各自的意愿被分配到几个不同的管理组中，比如市场组、人力资源组。而我因为报名比较早，被分配到了“C 级管理组”（团队的最高层管理者，包括 CEO①、CFO②、CMO③等）。C 级管理者们所要做的，就是负责统筹、监督下属管理组的工作。

有一天，我们各自到自己负责的组中去做自我介绍。我的一个同学，走到他负责的组中，张口就说：“你们好！我是你们的 manager（管理者）！”结果那个组的同学都不太买账，虽然嘴上不说什么，眼神却是那么不屑一顾。

我突然警觉——我一定不能这样介绍自己。

于是我来到我负责的市场组，跟他们说：“大家好！我是‘C 级管理组’中负责和你们一起工作，同时希望从与你们共同的工作中学到更多管理技能的同学，希望这学期我们能合作愉快。”

效果立竿见影，同学们很快就接纳了我，在之后与他们的合作中，我也很受大家欢迎。

我在美国做交流生时，作为学生会干事之一，曾组织过一

① CEO：首席执行官。——本书注释如无特别说明，均为编者注
② CFO：首席财务官。
③ CMO：首席营销官。

次问卷调查，目的是了解同学们最不喜欢与哪种类型的人交往。调查对象超过 1000 名同学，其中有 92% 的同学都选择了问卷中“egoistical”（以自我为中心的）这一项。这足以说明，以自我为中心、不为他人考虑的人，是绝大多数人都不喜欢的。

我相信，没有任何一个人会希望自己不被人喜欢、不受欢迎。因此，我们每一个人都应该学会为他人考虑。长大的第一个标志，就是不再以自我为中心，开始考虑他人的感受。

2. 当我们不再抱怨，世界就变美了

我经常能听到身边有这样的声音：“老师出的这道题太难了，好烦啊！”“学习怎么这么累啊？”“天怎么这么热啊？”“压力怎么这么大啊？”……

我相信大家并不陌生。或许你的身边就有，甚至可能你自己也常把它们挂在嘴边。但是，这些抱怨有什么用呢？抱怨无非是把自己“不顺”的地方再用语言强调一遍，只是给自己和周围的人徒增烦恼，实在一点价值都没有。

而当你开始试着改变自己、停止抱怨，也许你会发现，

这个世界都开始变美了。

那我们应该怎样跟抱怨做斗争呢？

做到三点，你就能告别抱怨。

第一，别抱怨世界，世界没有关照你的义务。

我始终相信，我们的命运是把握在自己手上的。没有谁的人生会一帆风顺，每个人都会遇到些不如意的事，但是这又能怎么样呢？抱怨能让鲜花掉到你怀里吗？

世界从来不眷顾抱怨的人。相反，那些积极、阳光的人，不需要被关照，一样也会活得很好；抱怨的人只会增加人生的不幸。

第二，向那些面对困境但依然微笑的人学习。

说到这一点，我想起了一个让我非常难忘的人。

一天清晨，我在去教室的路上，远远看到一个满脸灿烂笑容、迎着阳光走来的男孩。他的笑容那么有感染力，光是远远看到，都让人心情大好。

可当我走近他时，我却感受到深深的震撼，心里久久不能平静——那个男孩的左半边脸上，有很严重的烧伤疤痕，整个左脸都有些变形，而他的右脸，却特别英俊帅气。

我想，他原本是个帅气的男孩，受了这样的烧伤，心里一定很受打击。可他的眼神里，却丝毫没有任何负面的东西。相反，他还能这么灿烂地笑着去上学，为自己的未来而奋斗，真的很让我感动。

这样一个男孩子，在打击和困境下，都能积极地微笑，努力地奋斗，那么，与他相比，幸运太多的我们，又怎么好意思去抱怨呢？我们都应该向这种能在困境中微笑的人学习。

第三，与其抱怨，不如解决问题。

一次，在一堂很重要的专业课考试中，本来自信满满的我做题却并不顺利。倒数第二道大题，我用了足足半个小时，运算写了整整两页纸，却怎么都做不出来。我抬头一看表，两个小时的考试已经过去了一个半小时。我顿时着急起来，所有的思路一下都被打断了。

突然，监考老师对大家说："同学们请看第五题，公式里的第二项，请加上一个平方。"话音刚落，整个考场里就充满了摔笔声和抱怨声。我当时心情也很崩溃，我写了整整两页纸，现在全都作废了！

可我立即提醒自己，只剩半小时了，如果现在我继续发牢骚，那我这场考试的成绩肯定受影响，所以我应该立即开始做题。我立即冷静下来观察改过的公式，发现这道题现在非常好解了，我仅仅写了两三行字，就把题解出来了。考试时间不多了，我继续抑制自己慌张和懊恼的情绪，争分夺秒地开始做最后一道题。

最后，我终于顺利地把题目都做完了。可就在结束铃声响起的那一瞬间，竟然还有人在为那件事跟老师争辩，最后一道题根本没动笔。

还好当时我很快调整了自己的心态，我知道光抱怨肯定是没有用的，当下最重要的是把剩下的题目做好才对。

这种立足于解决问题，而不是抱怨的做法，不仅仅对自己有用，对于一个团体来说也很有用。我在《管好自己就能飞》一书中，曾讲述过我和一些同学去旅游，不少同学抱怨伙食太差，而我却去找导游协调解决的故事。

我最深的体会是：当遇到问题时，最好的办法是去解决，而不是去抱怨。这样不仅仅能让自己从问题中解脱出来，而且每次经历都是成长。

为了让大家对这种做法有更深刻的认识，重视这种做法，我同大家分享一次难忘的经历：

2013年暑假，我来到以倡导“生活禅”而闻名的河北柏林禅寺学习中国传统文化中“禅”的智慧。柏林禅寺的明海方丈，是北京大学哲学系的高才生，曾著有《禅心三无》等作品。而我认为，在他的《禅心三无》中，最难做到，可又最应该做到的那个“无”，是“现在无怨”。那么我们要怎样才能做到呢？

明海方丈说：“生活中的烦心事，就好比你前行路上的一块石头，只有软弱的人才会用抱怨来逃避它，而这样是没有用的。一个强大的人会走过去看看，看看这块石头是什么，然后搬开它，甚至利用它。一个人学会了承担，就不会抱怨。”

这一番话让我深受启发，我也根据从明海方丈那儿学到的智慧，写了《禅心三乐》一文，而其中有一点就是针对“现在无怨”而写的，那就是“解决之乐”。

我认为，只有弱者才会抱怨这个世界，而强者，应该懂得去解决问题。

只有当我们停止抱怨，学会去解决问题，我们才会发现，身边的问题会越来越少，我们自己也会成长得越来越好。

不再抱怨，我们眼中的这个世界就会变得更美好。

3. 当我们不再期望生活有求必应，就知道该如何努力了

一位读者在微博私信中给我讲了一个让我很震惊的故事。

他们班上有个女孩叫瑶瑶，她的父母都是工人，收入并不高。前段时间瑶瑶过生日，她的父亲拿着辛辛苦苦攒下的积蓄，带她去买手机作为生日礼物。这本来应该是件高兴的事，可到了手机店，气氛却一下子变得不愉快了。

瑶瑶一进门，就坚决要买最贵的 iPhone 6（当时最新款

苹果手机)。可她爸爸一看价格，着实被吓了一跳。瑶瑶低头看着柜台里的手机，父亲却失落地低头数着泛黄的信封里的钞票，而任凭他怎么数，钱还是不够。于是父亲对瑶瑶说："瑶瑶，对不起，爸爸买不起这款，我们买个别的手机行不行？"没想到瑶瑶大发雷霆，冲爸爸吼道："你这么穷还说什么来买手机？不买了，回家！"说完就转身跑了出去。

父亲看到女儿这么生气，自己心里也不是滋味。他立即买了一个自己买得起的手机，然后出门去追。

父亲气喘吁吁地追上了女儿，把手机递给她。瑶瑶接过手机，一看不是自己想要的那款，二话不说就把手机往地上摔，嘴里还大喊："你这个老家伙，怎么这么没用？"微弱的路灯灯光下，父亲蹲下身子去捡那个被摔坏的手机，那一瞬间，这位父亲真是丢尽了所有的尊严。

看到这个故事，我很心疼那位父亲。明明家境并不富裕，父亲为了让女儿开心，还特意拿出积蓄给女儿买手机。而瑶瑶是怎么做的呢？她不仅不懂得体会父母赚钱的不容易，反而还因为父亲买不起最新款手机而大发雷霆，摔坏了父亲试图弥补女儿遗憾而新买的手机，甚至还在大街上对父亲说出那样伤人自尊的话。

瑶瑶这样的故事并不常见，但她身上的问题，在我们很多青少年身上却普遍存在。

通过许多读者的反映，以及我自己的观察，当今不少孩子，都有这样一个问题：他们总是期望生活有求必应——他们总希望所有的人都能满足自己的任何要求。

我曾看过一部非常棒的电影，叫《鬼妈妈》，名字听起来很恐怖，但内容说的其实就是青少年成长中，希望生活有求必应这样一个普遍的问题。

电影中的女主角叫卡洛琳，她和父母刚搬到新家，周围少有人烟，因此她找不到玩伴。卡洛琳感到很无聊，所以希望父母能够陪她玩。然而她的父母工作都非常忙，一直都没有时间陪她。

卡洛琳觉得很不开心，因为她不仅仅得不到陪伴，就连自己想要的手套妈妈都不肯给自己买，喜欢的庭院爸爸都不愿意为她去打扫干净……卡洛琳希望的一切都没有实现。

有一天晚上，她在房间里发现了一条通道。出于好奇，她沿着通道爬了过去，发现通道那边竟然也是自己的“家”，而那一个“家”中，一切都比现实好太多太多——一直懒得做饭的妈妈竟然做了一大桌美味佳肴，平时只知道盯着电脑屏幕的爸爸竟然在客厅弹起了钢琴，本来荒芜的庭院竟然也被打理得整洁美丽……

这里的一切都是卡洛琳想要的，而卡洛琳却发现了一个秘密，让她很不安——这里的爸爸妈妈虽好，可他们的眼睛却是两颗黑色的纽扣，看起来非常恐怖。有一天，“鬼妈妈”要求卡洛琳永远留在这一边，卡洛琳当然愿意，因为这边的一切都是那么美好。

可“鬼妈妈”却要求用扣子把她的眼睛缝上。卡洛琳这下开始害怕，开始推脱。而此时，“鬼妈妈”终于露出了真面目——一个恶魔。她把卡洛琳关进了一间囚室里，囚室里还有许多孩子，眼睛都用扣子缝上了。卡洛琳这时终于明白过来，这不是真的妈妈。她也是第一次这么迫切地希望回家。

最终，卡洛琳运用自己的智慧，帮助所有的孩子找回了眼睛，一起逃出那里，回到了各自的家。当她回到现实中的家时，她第一次那么热情地对家人说：“我回来了！”

在影片结尾，卡洛琳慢慢长大，她开始理解父母的不容易，也不再抱怨。后来，父母在工作之余，给卡洛琳买了她想要的手套，也一起整理了门前的庭院。

其实，卡洛琳就是一个很典型的拒绝长大的青少年的代表——以自我为中心、希望生活有求必应、爱抱怨……而通道那一边的“家”，则象征着每个孩子最渴望得到的东西，虽然自己觉得舒服，却并不真实。那边的“鬼妈妈”要给她缝上扣子、挡住眼睛，也象征着，如果我们一直逃避现实、沉浸在那些不切实际的幻想中，不学着去理解他人、积极努力生活，就会像被缝上眼睛一样，迷失了自己的智慧，迷失了自己的本性。

我们要明白，生活本来就不会有求必应，并不是我们想要什么，就一定会变成现实。

当真正明白了这个道理，我们就会发现，我们慢慢会有这样两点改变：

第一，我们会越来越懂得珍惜与感恩。就像卡洛琳一样，最终她不仅仅理解了父母的不容易、感谢了父母的付出，而且和父母相处更融洽了。

第二，我们会懂得想要的一切都要自己通过努力去获得。我们不会再抱怨这个世界有多不如意，而是会通过自己的努力去改变这种不如意。

我曾经看到过这样一段话，希望与大家分享，希望这段话激励我们所有人：

“你羡慕别人身材好，却放不下手中的高热量食物；你抱怨总没有机会垂青，却忘了自己的拖延、散漫；你向往别人看过的风景，却抱着手机在家宅过一个又一个周末……身材不好就去锻炼，没钱就努力去赚……你必须自己当自己的主人。”

小时候，我们可以向父母撒娇，父母往往也会有求必应，但随着年龄增长，我们便不能用同样的方式向世界撒娇。

因为，生活不会有求必应，想要的一切，只有通过努力才能获得，因此，让我们都收起抱怨，为了我们所期望的东西，沉下心好好努力吧。

自我管理小贴士

1. 你想要别人怎么对待你，你就要先学会怎么对待别人。越能关心他人的感受，越能尊重人、关心人，赢得的朋友就越多。

2. 当遇到问题时，最好的办法是去解决，而不是去抱怨。这样不仅仅能让自己从问题中解脱出来，而且每次经历都是成长。

3. 你羡慕别人身材好，却放不下手中的高热量食物；你抱怨总没有机会垂青，却忘了自己的拖延、散漫；你向往别人看过的风景，却抱着手机在家宅过一个又一个周末……身材不好就去锻炼，没钱就努力去赚……你必须自己当自己的主人。

第二章

口袋一时有钱，不如自己长久值钱

1. 不比“面子”比“里子”

我的一个大学同学小马，长得很帅，学习成绩也很优秀。可有一段时间，他一直没来上课，连考试都没参加，成绩自然一落千丈。我担心他有事，于是发微信问他，而我得到的答复竟然是，他感觉无比自卑和压抑，所以不想出门见人。

到底是怎么回事呢？是什么让一个自信的大男孩突然变成这样？原来，这一切都跟有一次他和一帮“富二代”同学去逛街有关。

那天，那些“富二代”同学都在各大奢侈品店里肆意地刷着父母给的信用卡，买了一袋又一袋东西。而他呢，虽然家里条件不差，但也没有好到可以像这些人一样肆意挥霍的程度。他通常只去一些美国比较平民化的商店购物，而那帮朋友都不屑于进这些店。那天回家时，其中一个同学对小马说：“以后你还是别跟我们出来逛街了，一起逛挺丢人的。”

这句话重重地伤了小马的自尊心，他回到家以后，就一直把自己关在房间里，不肯出来见人——他感觉自卑，害怕被有钱的同学看不起，又怕自己任性刷卡给家里增添负担。

小马的问题其实很有代表性，现实中的确有一些孩子，期望自己有好的经济条件，可是家里往往因为各种原因无法提供这样的条件。所以，他们就觉得自己在人群中抬不起头。尤其是当一些家庭条件比自己好的同学歧视甚至欺负自己时，他们往往觉得难以排解这种内心的愤怒、烦恼与纠结。

我也曾经经历过类似小马这样的“心塞”。我在北京学托福时，很想换一部新手机，一是周围同学们的手机都比我的好，二是因为我的手机的确有些故障，不过勉强还能用。

我先是跟妈妈提出了换手机的想法，一向仁慈的妈妈在我一番软磨硬泡后答应了。可是爸爸听说我这个想法后，竟然严肃地批评了我一顿。

我当时很伤心也很委屈，为什么周围的朋友都可以有，而我的手机都已经出现故障了，我却还不能换？

爸爸拉我坐在沙发上，平复我的心情后，给我讲了他小时候的故事。

爸爸即将高考那年，在学校寄宿。那时候家里很穷，爸爸只有一件秋衣，一旦洗了就没衣服换了；像样一点的裤子也只有一条，有一次他走路时不小心摔了一跤，裤子破了一个洞，纵使非常尴尬、丢人，他还是补好后硬着头皮先穿着；他还没有像样的鞋子穿，总是打赤脚走路，有一次他的脚被玻璃扎了一个大洞，奶奶带他去买拖鞋，可是当爸爸看到拖鞋竟然要一块钱（对于当时的爷爷奶奶来说，是一笔巨款）时，他立即转身离去，说什么也不肯买……

可是，在这么艰苦的环境下，爸爸学习反而比任何人都要认真刻苦。看到别人有好玩的、好穿的、好吃的，他虽然很羡慕，但他总是暗暗对自己说："不行，我不能被环境所影响，我当前最重要的事情是学习，只有努力学习，我才能从山里走出去。"

终于，爸爸的努力有了回报。他以全县文科第一的成绩，考上了重点大学。毕业后成为知名记者和作家，生活条件也随之变好。

我们每个人都会遇到生活条件不如别人的时候。这个时候，我们可能会觉得心塞、丢脸。但是，重视面子不如重视"里子"——提高自己的知识与能力。

最终，我没有买新手机，而是潜心学习准备托福考试。最终，我的托福成绩达到了申请学校所需要的分数，那一刻，我的心情比买到新手机要高兴得多。

我认为：一些同学可能很有钱，可以过得很潇洒，显得更有气派，但是，口袋里一时有钱，不如让自己长久值钱。何况，当口袋里的钱并不是自己创造，而是父母给的时，就更应该明白让自己"升值"的重要性了。

当我们不比"面子"比"里子"——通过不断努力让自己成为一个越来越有价值的人时，我们不仅可以更加自信，而且也会创造出让自己无悔的人生。

2. 命运可以改写，关键看你如何拿笔

对于一些青少年而言，家庭条件不好、经济基础薄弱，是无法回避的现实。而面对这样的现实，难道只能羡慕别人，甚至自怨自艾、自暴自弃吗？

我们先来看看这么一个故事：

在一个小男孩 13 岁那年，有一天，爸爸给了他一件旧衣服，问小男孩值多少钱。小男孩说："大概 1 美元。"

"你能把它卖到 2 美元吗？"爸爸问。小男孩有些赌气地说："傻子才会买！"

爸爸认真而渴求地看着他，说："你为什么不试一试呢？你知道的，我们家日子并不好过，如果你能卖掉，也算是帮了我和你妈妈。"男孩听了这话，点了点头说："好，我试试，可是我不保证卖得掉。"

他仔细地把衣服洗干净、弄平整，然后来到人来人往的地铁站门口叫卖。经过6小时的努力，他终于把衣服卖了出去。

他攥着刚赚到的2美元，开开心心地跑回了家。从那天开始，他每天都热衷于收集旧衣服，清理干净后拿出去卖。

过了几天，爸爸又递给他一件旧衣服，希望他卖到20美元。他很惊讶，说："怎么可能？我卖到2美元都很不容易了。"

爸爸说："你为什么不试试呢？好好想想，总会有办法的。"

几番琢磨，他终于想到了一个办法——他请学画画的表哥在衣服上画上了米老鼠和唐老鸭，然后来到一个贵族学校门口。不一会儿，一位少爷的管家替他买下了这件衣服，这位小少爷很喜欢衣服上的图案，一高兴，又给了这个男孩5美元小费。一件本来只值1美元的旧衣服，竟然可以卖到25美元——这相当于爸爸一个月的工资！

回到家后，爸爸见他成功了，非常高兴，同时又给了他一件旧衣服，问他是否有信心卖到200美元。这次，他没有犹豫，一把接过衣服，陷入了沉思。

两个月后，终于机会来了。当红电视剧《霹雳娇娃》的女主角拉佛西来到纽约做宣传。记者招待会结束以后，小男孩从人群中挤到拉佛西面前，举着旧衣服请她签名。拉佛西先是一愣，然后笑着给他签了名，因为没有人会拒绝一个纯真的孩子。

小男孩笑着问："拉佛西女士，我可以把这件衣服卖掉吗？"

"当然，这是你的衣服，你有权做任何决定。"

小男孩欢呼起来，他转身举起衣服，喊道："拉佛西女士亲笔签名的衣服！售价 200 美元！”果然，有不少人都来竞价购买。最终，一位石油商人以 1200 美元的高价买走了他的衣服。

回到家里，听说小男孩成功的消息，一家人都非常开心。爸爸问他：“通过卖这三件衣服，你学到什么了呢？”小男孩说：“我知道，您是在启发我，只要开动脑筋，总能想到好办法的！”

爸爸微笑着点了点头，而后又摇了摇头说：“你说得对，但这并不是我让你这么做的初衷。我只是想告诉你，一件只值 1 美元的旧衣服，都有办法变得高贵起来，更何况我们这些活着的人呢？”

听了这番话，小男孩心中很受震撼，从那天起，他对自己的人生有了新的想法和认识，并且为了让自己变得高贵越来越努力。

终于，20 年后，小男孩的名字传遍了世界的每个角落。他就是我最喜欢的篮球明星——迈克尔 · 乔丹。

我记得，当初我看完这个故事时，就觉得热血沸腾。它给了我这样一些启示：

第一，任何人的命运都可以改写，关键看你如何拿笔。

无论是一个人还是一个家庭，不管条件有多差，只要不自怨自艾，而是下定决心去改变、去成长、去努力，就有可能脱胎换骨。我们要相信，改变命运和创造命运的笔，其实就握在我们自己手中。

第二，改变命运最重要的一点，就是要有主动性。

乔丹有句名言：“主动不主动，相差一百倍。”这是对我影响最大的一句话。我们每个人来到这个世界上，都是平等的生命。但是，只要你有主动性，就能创造人生的奇迹。

于是，我开始努力让自己处处变得主动：在高中毕业后的那个暑假，大家都纷纷觉得这是“解放”的时间，想着各种方式去玩，我却主动写作了我的第一本书《管好自己就能飞》；大学第二年，我写作并出版了第二本书《自觉可以练出来》；2016 年的这个暑假，我又在写目前的这本《做成长的主人》。这样，在大学阶段，我就会出版三本书了。

此外，我在美国上大学，学的是物理专业，可除了学习物理课程外，我还选修了不少管理、经济、石油方面的课程，目的是进一步了解国际经济；我还选择了创业学和领导力作为我的辅修学位。学习之余，我主动参加了很多社会活动，甚至创办了普渡大学创新创业协会……

我的这份主动也得到了回报，比如才 20 岁出头的我，就可以用自己的稿酬买上崭新的奔驰车，还承担了自己不少上大学的费用，给父母减轻了负担。

是的，只要你愿意好好拿笔，处处主动，你也可以更好地改写你的命运。

3. “没伞的孩子只能拼命奔跑”

我很喜欢曾看到过的这样一个观点：“没伞的孩子只能拼命奔跑。”

这句话真是朴实又生动，它传递了一个很好的道理：

正因为条件差，所以才要加倍努力；正因为没有依靠，所以才要全力以赴！

我们来看一个没有伞却拼命奔跑的人——台湾地区“十大杰出青年”之一赖东进的故事吧。

赖东进出生在一个乞丐家庭，爸爸有视觉障碍，妈妈有智力障碍，十二个兄弟姐妹都靠乞讨为生。

有一天，他跟着爸爸出去讨饭时，遇到一个老伯。老伯看着可怜的赖东进，心生怜悯，掏出10元钱递给他爸爸，说：“孩子这么大了，应该去上学啊！这10元钱你拿去，给孩子付学费。”

从那天起，赖东进就默默下定决心，以后绝对不能当乞丐，一定要好好读书，要出人头地。不久后，他就进入小学，开始读一年级。

学校里，几乎人人都笑话他，笑他是穷乞丐，笑他身上又脏又臭。在赖东进的自传中，他这样描述那段经历："回家后我向邻居借了一面镜子，照照自己的长相——这是10年来我第一次照镜子，我看到镜中的自己真的吓了一跳，再脱下衣裤照照自己的身体，我一看就哭了出来。"

在自传中，他还提到，他小时候的生活条件非常艰苦，洗澡都是件很困难的事情，也难怪总是受人侮辱。因为有着长年在大街上要饭锻炼出来的身板，他无数次愤怒地想把别人打趴下，不让别人再侮辱他。然而他一次又一次忍住了，因为他时刻都提醒自己，自己的首要任务是学习，而且他害怕爸爸一生气，就不让他念书了。

他一直埋头苦干，在考试、模范生、各项比赛中获得各种奖项和荣誉，到六年级毕业时，他一共拿到了八十多张奖状。

他清楚地记得，他第一次拿到奖状——考试第一名的奖状，回到家中想与家人分享时自己心里的感受。他很想把成功的喜悦跟妈妈分享，但妈妈在门口玩泥巴；当他满怀期待地把奖状递到爸爸手上时，爸爸竟然说："快去煮饭，待会儿还得上街乞讨呢！"

得到荣誉却无处分享，受到表彰回家却还要去乞讨，这对赖东进来说是多么大的打击啊！但这没有打倒他，相反，这更加坚定了他想要改变命运的决心。

他坚持不懈地努力，克服了重重困难。家里的积蓄不足以供他上初中，他就自己去做苦工，靠体力赚钱。生活越来越艰辛，可他心中想要上学、出人头地的念头却越来越坚定，所以他奔跑得越来越快。最终，他终于有机会进入初中念书，最后也凭借自己的努力考到第一。后来他更是学有所成，而且被评为台湾地区“十大杰出青年”之一。

如果赖东进对于自己乞讨的生活自怨自艾，如果他因为自己“没有伞”而放弃努力，就不会有现在的自己。正是他敢于迎着风雨向前奔跑，以及他不懈努力、坚强不屈的精神，帮他改变了命运，成了一名优秀的“文化分子”。

赖东进，一个生活在那么艰苦条件中的乞丐，都能够成为第一，那么，拥有更好条件的我们，为什么不能争做第一呢?

是的，即使生来没有能遮风挡雨的大伞庇护自己，我们也要学会拼命奔跑!

自我管理小贴士

1. 我们每个人都会遇到生活条件不如别人的时候。这个时候，我们可能会觉得心塞、丢脸。但是，重视面子不如重视“里子”——提高自己的知识与能力。

2. 当我们通过不断努力让自己成为一个越来越有价值的人时，我们不仅可以更加自信，而且也会创造出让自己无悔的人生。

3. 无论是一个人还是一个家庭，不管条件有多差，只要不自怨自艾，而是下定决心去改变、去成长、去努力，就有可能脱胎换骨。我们要相信，改变命运和创造命运的笔，其实就握在我们自己手中。

4. “没伞的孩子只能拼命奔跑。”正因为条件差，所以才要加倍努力；正因为没有依靠，所以才要全力以赴！

第三章

平凡人活在梦想里，优秀者把梦想活出来

1. 你能把梦想落实到具体的奋斗中吗?
2. 你能向每一个依赖别人的念头宣战吗?
3. 你能为坚持梦想而付出必要的代价吗?

1. 你能把梦想落实到具体的奋斗中吗？

前不久，高考结束了，在成绩公布后，我在微博上收到了这样一封私信：

牧天哥哥，我是一个曾经听过你的讲座的学生，我想和你交流一下我这些日子受到的教训。去年听你的讲座时，我读高二。当时我虽然明知道自己在高中的时间不多了，最重要的事情就是集中精力好好学习、迎接高考，可是又经受不了诱惑：我看网络小说、追女同学、在自习课上打瞌睡……

我听你的讲座时热血沸腾，很想痛改前非，可是你走了以后，第二天我又变回了老样子。就像我平时成绩下降后，会看一些“心灵鸡汤”励志一把，可过不了多久又会变回原样。现在高考结束了，我连二本的分数线都没到，更别说我梦想的那所重点大学了，我只好勉强上了一所大专。我现在真的超级后悔，我想请问，我这样的人，应该怎样去追求自己的梦想呢？

这位同学其实说出了一个很有代表性的问题。每个青少年都有自己的梦想，但真正把梦想变成现实却并不容易。

这个同学提出的问题，其实就是怎样实现梦想的问题。

我认为，要想实现梦想，就必须要问自己三个问题。而第一个问题应该就是：

“你能把梦想落实到具体的奋斗中吗？”

我先与大家分享一个让我十分难忘的故事。

有一天，我在健身房锻炼时，发现羽毛球场上有很多人在围观。远远望去，打球的双方看起来都非常专业，不论是击球的动作、行动的敏捷程度还是扣杀的力量，都可以说让人赏心悦目。可是，打球打得好并不奇怪啊，为什么会有这么多人围观呢？难道是某位羽毛球明星不成？

走近一看，我震惊得下巴差点儿掉在地上——这两个人里，竟然有一个人的腿部有缺陷！他竟然用假腿，在和一个正常的羽毛球高手打球，而且与强大的对手打得不分胜负！

这多么令人震撼啊！等他打完球，不少人都上前去与他合照、交流，我也问他，为什么他能做到这样。他说了一句让我为之震动的话：

“If I have a dream,nobody can break it!”（如果我有一个梦想，那任何人都无法打破它！）

据说，他是两年前开始打羽毛球的，当时因为身体的缺陷，他的球技很差，而且进步的速度也不及常人。但是，他每天都坚持来体育馆练习，现在，他竟然能够和学校里的羽毛球高手过招了。

我深刻地感受到，这是一个真正把梦想当真，并且下决心去付出努力的人。反观自己，我在努力的过程中，有时也会懈怠。但一个残疾人都懂得如此为梦想去努力，那我还有什么理由懈怠呢？

几天后，发生了这么一件事。

一天，有一个物理理论难倒了我，于是我去请求助教帮助。助教给我解释后发现我还是一头雾水，他就提出，理解这个理论最好的方法就是亲自做一次实验。

我立即问助教，看他是否能带我一起去做这个实验。助教说：“可以是可以，只不过这个实验十分复杂，可能需要花费六七个小时，而且要等到晚上 10 点，我们才能开始实验，这就意味着我们要在实验室通宵工作。”

说实话，作为一个大学生，平时我的学习任务就很重，每天晚上的睡眠时间本来就不够。所以我当时觉得，要在实验室通宵做实验，实在是对自己太过严格了。这样的念头，一次又一次怂恿我放弃。

可是，我突然想到自己的理想，是成为一名优秀的创业型科学家，这点苦都不能吃、不好好去努力怎么能行？同时，我也想到了那位残疾的羽毛球高手，他能对自己的梦想付出那么多努力，我又怎么好意思打退堂鼓啊！

于是，我还是积极要求参加这一活动。

整个实验的过程让我非常难忘，我们竟然一晚上都在实验室里度过。

最后，满满十二页纸的实验报告，也让我收获了不少有价值的信息。

如果当时，我因为一点点想偷懒的念头就放弃了做实验的机会，虽然我可以通过查资料来完成考试，但是，亲自参与实验带给我的收获要多得太多。在关键时刻，正是我的梦想激励了我，正是那位脚踏实地努力的残疾人羽毛球高手激励了我，我才能够有这样的收获和进步。

和许多青少年朋友一样，我很喜欢成功学，在大学我也专门选修了创业学课程。我发现，所有了不起的人物，包括苹果公司的创始人乔布斯、阿里巴巴的创始人马云，他们都是有着非凡梦想，更有着说做就做、一做就必须做好精神的人。经过研究，我总结出这样一句话：

“平凡的人活在梦想里，而成功的人会把梦想活出来。”

我们每个人都一定要拥有梦想，但拥有梦想远远不够。我们只有脚踏实地，一步一步地付诸具体的行动，才有可能把梦想变成现实。

2. 你能向每一个依赖别人的念头宣战吗？

当每一次我和大家分享我的成长经历时，最吸引大家的故事之一，就是如何在遭遇绑架时机智地逃脱。我认为，之所以我能做到这一点，除了掌握有效的方法外，最重要的一点，就是去除自己的依赖心理——

不指望任何人来帮助自己，学会自己冷静地处理问题。

我一直牢记着爸爸曾跟我说的一句话：

“牧天，尽管你现在还小，但总有一天，你要学会自己面对一切——你要学会在没有任何人帮助的情况下，靠自己的力量，把问题解决。”

这的确是对我人生影响巨大的至理名言，因为不论是谁，只有去除依赖心理，才能真正开始自立自强。

《哆啦 A 梦》大电影，是陪伴了我童年的动漫《哆啦 A 梦》的大结局，在这部电影中，我就从主角大雄身上学到了如何通过摒弃所有依赖的念头来成长。

哆啦 A 梦是一台神奇的猫型机器人，他有一个神奇的口袋，从口袋里总能掏出各种各样神奇的道具，让很多现在不可能发生的事情都变得可能，比如能让自己飞起来的竹蜻蜓、能通往任何地方的任意门……哆啦A梦是由大雄的玄孙派到他的过去，去帮助很久以前上课天天迟到、考试总是得零分、总被胖虎欺负、永远追不到自己喜欢的女孩的大雄。

有了哆啦A梦的帮助，大雄的确有了非常大的收获，他甚至通过时光机，成功改变了自己的未来——在未来，自己喜欢的女孩嫁给了自己，那一瞬间，大雄特别幸福。

然而，这也说明哆啦A梦的任务已经完成，任务提示器告诉他，必须要在48小时内回到22世纪。

哆啦A梦落下了不舍的眼泪，但他心中更放心不下大雄，因为没有他的道具，大雄还是什么事也做不好——他懦弱、不努力、不爱运动、不爱学习……当天傍晚，当大雄再要求哆啦A梦帮他做点事的时候，哆啦A梦狠下心来，狠狠骂了大雄一顿，让他明白，哆啦A梦很快要回到未来，不能继续照顾他了，所以大雄必须学会独立，学会靠自己。

可能是离别的悲伤刺激了大雄，他仿佛一夜之间就长大了。当他哭着出门时，刚好被胖虎碰到，胖虎想要欺负他。以往，大雄总会想办法逃跑，或者任由胖虎欺负他。可他突然想起哆啦A梦的话："我走了以后，如果胖虎欺负你，你能自己学会反抗吗？"

大雄明知自己不是胖虎的对手，但还是在一次次被打倒在地后爬起来反抗，最终，他在疼痛中学会了反抗和坚强。

哆啦 A 梦含着眼泪在一旁看着这一切，但他的内心却很是欣慰，这下他终于可以放心地回到 22 世纪了。

我们每个人都应该明确，所有我们可以依赖的人，我们都不能永远依赖，因为很可能有一天，我们就没有办法再获得他们的帮助了。我们更要像大雄一样，下定决心去除依赖心理，自己去面对所有的困难和挑战，这样才能快速成长。

那么，到底怎样才算去除依赖心理呢？用个形象的比喻，就是自己下决心剪断“依赖他人的脐带”——就像从母亲的身体里脱离出来，成为一个独立的生命体一样。这大致体现在两个方面：

第一，用自己的脚去走路。就像大雄的成长一样，是不靠别人帮助，自己去走自己的人生之路。

第二，用自己的大脑去思考。这说的是我们要有自己的主见。这一点，是我一直以来特别重视的一点，也是我在美国学习时，一些老师用心培养我形成的品质。

在我所写的《管好自己就能飞》《自觉可以练出来》两本书中，我记录了两次我在美国上高三时与物理老师的不同意见：一次是老师和班上其他同学都认为某个答案是正确答案，而我经过认真分析，认定是另一个答案；还有一次，我甚至提出根据题目的条件判断，没有正确的选项。

这两次与老师当众提不同意见，我本以为会受到老师的批评，可没想到却受到老师的认可和表扬，他不仅告诉大家，我“与众不同”的答案是正确的，而且还要大家学习我独立思考的精神。

想要具有独立思考的精神，我们更要像爱因斯坦这样的伟人学习，不迷信权威，敢于向权威提出质疑，通过自己的独立思考，走出自己的道路。

我不由得想起，一次我曾在电视上看到的一句台词：

“跟每一个依赖别人的念头战斗，你才能长大。”

是啊，我们只有不断向依赖别人的念头宣战，克服一切痛苦去战斗，才能真正长大。

3. 你能为坚持梦想而付出必要的代价吗？

梦想像一朵神奇的花，它结出的果实是甜美的，可是它的根茎却可能是苦的。

实现梦想，往往是需要付出代价的，而你，愿意付出这份代价吗？

我 17 岁时就独自一人去美国上学，在异国他乡，我最难忍受的是孤独。而忍受孤独、战胜孤独，恰恰是我自己成长所要付出的代价。那么我是怎么战胜孤独的呢？我和大家分享一些我的自我管理日记中的内容：

今天我复习的时候，突然有种莫名的孤独感。后来，我想起很久以前看到的一张图片，图中有一个岔路口，一群人往右走，只有一个人往左走。图片的注释是："一个人的孤独，是因为他的选择不一样。"是啊，我如果要选择和别人不一样的人生，在奋斗的过程中一定会感受到孤独，所以我应该享受它！

今天是一年一度的中秋节，本该好好庆祝，但我被周一繁重的功课压得透不过气来。做完作业时已是晚上 10 点，我披了件衣服走到门外，抬头看了看那轮圆圆的明月，心想，这是个团圆的日子呀，突然更加理解李白那句诗"举头望明月，低头思故乡"了。

我们都有自己的人生，都有自己的追求，与家乡相隔千万里，我此时的确有些想家。但是，我也明白：越长大，越孤单，或许人生真的如此。选择一条与众不同的道路，就注定了孤独，但同时，这条路又是可以让自己飞速成长的。为了成长，我们一次又一次忍受这样的孤独，也是值得的！

今天看到一句特别激励自己的话，将它记录下来，时刻激励自己：

你一直希望自己勇敢而真实，那么现在请做个深呼吸，用猛烈的孤独，开始你伟大的历险。

——莱昂纳德·科恩

最后那句说得多好：“用猛烈的孤独，开始你伟大的历险。”

成长路上，我注定要孤独地走很长的一段路，而之所以孤独，我想那是因为这条路少有人走。选择不平凡的同时，我们也就选择了孤独，只有能够接受猛烈的孤独，我们才能成就自己的不平凡。加油！

战胜孤独，是每个人成长的必修课。我们只有付出必要的代价，才能在自己的成长路上越飞越高。

成长中往往伴随着痛苦。主动去接受甚至“创造”这些痛苦，正是我们实现梦想需要付出的代价。

出国前，我的身材和“豆芽菜”没有什么分别。到了美国，我发现周围同学一个个身材都很棒，而且都有健身的好习惯，我也受到感染，梦想成为“健美男”。

于是在美国上高三时，我特意选择了健身的课程。与其他同学相比，我不仅力量跟不上，最基本的肌肉耐力也差了一截，所以教练决定，帮我先训练耐力，再训练力量。

我记得那时还是寒冬，有一天，教练让我围着篮球场跑十圈，再到室外的橄榄球场跑十圈。刚跑完篮球场的十圈，我就已经开始有些气喘吁吁了，这时，教练带着我跑到室外的橄榄球场去，门打开的那一瞬间，我被扑面而来的冷风吓了一跳。在刺骨的寒风中，我穿着体育课专用的短袖和短裤，还要围着比篮球场大十几倍的橄榄球场跑十圈，这不是折磨人吗？

我开始跟教练喊冷。可没想到，教练对我说："我才不管你冷不冷，给我跑完再说，跑起来就不冷了。"

我只好顶着寒风跑啊跑，大口大口呼吸着冷空气，气管都开始痛了，好几次都想放弃，可看到跟我一起训练的同学，虽然都很痛苦，但都在坚持跑着，而且教练也一直在旁边看着，我咬咬牙，终于还是跑完了。

那时候我虽然感觉自己的肺都要炸了，但我心里却特别开心，战胜困难的成就感是特别令人愉悦的。我想，以后当我遇到任何困难，我都要想想今天这次训练，这么苦我都坚持下来了，以后还有什么坚持不了的呢？

这样的耐力训练我进行了很多次，它对于我健身的帮助是非常大的，而从更大意义上讲，它是对我精神上的提升——我开始明白接受痛苦、战胜痛苦的重要性。

美国的健身房里最常出现的一句话是："No pain,no gain."（没有痛苦，就没有收获。）我认为非常正确。肌肉的增长，需要先通过锻炼造成良性的撕裂，然后在肌肉自我修复的过程中才会变得更强壮。

人也是一样，我们为了实现梦想，必须要付出，哪怕是一时难以忍受的苦痛！

我们不能只做活在梦想里的平凡人，而要做把梦想活出来、努力实现梦想的优秀者。让我们从现在开始，积极努力吧！

自我管理小贴士

1. 我们每个人都一定要拥有梦想，但拥有梦想远远不够。我们只有脚踏实地，一步一步地付诸具体的行动，才有可能把梦想变成现实。

2. 总有一天，你要学会自己面对一切——你要学会在没有任何人帮助的情况下，靠自己的力量，把问题解决。

3. 跟每一个依赖别人的念头战斗，你才能长大。

4. 成长中往往伴随着痛苦。主动去接受甚至“创造”这些痛苦，正是我们实现梦想需要付出的代价。

第四章

不是消极应付，而要自觉主动

1. 你以为忽悠了别人，其实忽悠了自己
2. 不要别人逼，我就能做好
3. 不只满足要求，更要超乎期望

1. 你以为忽悠了别人，其实忽悠了自己

一天下午，正是放学的时间，我看到路边有四个高中生，在公交车站旁蹲成一排写作业。远远望去，我觉得这几个孩子还真是刻苦，等车的时候还抓紧时间学习。

然而当我走近一看，我才发现，原来他们是在飞速抄着作业，一个孩子嘴里还念叨着："要赶紧在回家前抄完，不然万一被老师和爸爸妈妈发现我在抄作业就惨了。"

那一刻，我真为这几个孩子感到可悲。他们明明知道老师和父母不允许自己抄作业，还要明知故犯，这种应付、敷衍的态度，会让他们无法成长进步。从近处说，为应付老师和父母而学习，自己的成绩是不可能好的；从长远来看，这种消极应付的态度，会让自己一辈子与优秀无缘。

而要想变得优秀，我们就要避免消极应付，学会主动自觉。

那几个抄作业的高中生，以为自己抄作业，只要不被大人发现，就万事大吉了。但他们并不知道，其实他们忽悠的

不是别人，正是自己。

关于这一点，我的表弟彦博也跟我分享了这样一个故事：

在他快高考时，他们班上有一些同学懒散到了最后一个多月都懒得在学校上课的程度——他们要么翻墙出去到网吧上网，要么在教室里睡觉。其中有一个同学，他的爸爸非常关心他的学习，所以每天都亲自开车送他到校门口，放学时又来接他。而这个同学呢，一进校园，就立即找机会翻墙出去，等爸爸来接自己之前，再翻墙回到学校里面，从大门口出来。

这位同学的爸爸，如果知道他的孩子基本上每天都不在学校里，该多么失望，多么伤心啊！

这位同学的行为，也是很典型的“忽悠”。他自以为这种方式很高明，可以瞒过爸爸，让爸爸以为自己在学校学习，可他却根本没有好好思考，自己这样“忽悠”到底收获了什么。

他收获的无非是短暂的上网的快乐，可失去的，却可能是自己一辈子的前途。

我们每一个人都应该明确，学习不是学给别人看的，而是为了自己的发展。学习固然会辛苦，但我们最好懂得，为了自身的发展，为了自己的梦想，再辛苦都值得。

从我自身的学习经历来看，我一直保持着主动学习的好习惯。在美国做交流生时，我不仅完成了繁重的交流任务和高中学业，还另外报修了美国大学一年级的数学预修课，一进大学就直接拿到了学分。

进入大学以后，我也延续着这种主动学习的好习惯。很多时候，我甚至会提前学习很多知识，所以我的学习进度比起同班同学来说，一般要快不少。

而我这种主动学习、提前学习的习惯，也的确给我带来了不少收获。

我给大家讲个小故事吧。

刚上大学不久时，我曾经 1 小时内轻轻松松赚到了 100 美元（合 600 多元人民币）。这是怎么回事呢？

那是在要交物理课作业的前一天晚上，我听到两个同学抱怨说这次作业实在太难，根本无从下笔。而我觉得这次作业其实很简单，因为我当时的学习进度早就超过了他们，对于这一次作业针对的内容，有特别深刻的理解。

这两个同学立即提出，希望我能够当晚给他们讲解这一个章节的知识要点和作业。因为当晚我有其他安排，我一时难以答应。

这两个同学很着急，没想到他们竟然又联系了另外八个觉得物理作业难做的同学，十个人一起请求我给他们讲解题目，并且说每个人要出 10 美元作为辅导费。

见他们那么诚恳，我最终还是答应了。我很用心地讲解，那十个同学也很认真地学习，1 小时左右，大家就都顺利把难题攻克，鼓着掌夸我说："要是我们的物理也跟你一样好就好了！”最后，还一定要把 100 美元给我。

辅导他们约 1 小时，我就轻松得到了酬劳 100 美元。每次分享这个故事时，不少中小学生都非常羡慕。甚至有的大学生也说，这比他们勤工俭学做家教，效果要好得多。

但是，我讲这个故事强调的并不是赚钱，而是一个重要的感受：

主动提前学习，比起普普通通的学习态度，总是要有价值得多。

是的，我们一定要明白，学习在根本上是为了自己，而不是为了忽悠任何人。当你有了这样一种负责的态度，你就会更能尝到学习的快乐与成长的甜头。

2. 不要别人逼，我就能做好

到底什么是自我管理？在我的《管好自己就能飞》一书的封面上，就有这样一句简单明了的话：“不要别人逼，我就能做好。”

我们的身边，经常会有这样的现象：有的同学假期作业总要拖到假期结束、家长催了很多遍才开始写；有的同学学习时总忍不住分心玩手机，家长老师把手机拿走，自己还觉得很生气；还有的同学在作业繁重的周末，被家长催着，而自己却一门心思只想出去玩……

这样的做法是什么呢？是要别人逼着自己才做事，甚至是别人逼着还不动！

而我所强调的“不要别人逼，我就能做好”，是一种难得的自觉精神，这要求我们在没有人监督、没有人看见的时候，也能按照自己心中的标准把事情做好。

关于这方面，我在美国曾见过这样一个人，让我印象特别深刻。

有一次去超市买东西，在收银处，我发现一个客人从购物车中拿出一个空易拉罐摆在收银台上。收银员赶紧对他说：“这一罐饮料包装坏了，饮料都漏光了，你赶紧去拿罐新的吧。”

然而，这个客人的回答让我吃了一惊，他说：“不，这是我刚刚不小心从货架上碰掉摔坏的，这都是我的责任，所以我应该把它买下来。”

我很欣赏这种“自己犯的错要自己承担”的责任意识。这个人碰掉了一罐饮料，本来就没有任何人看见，他本可以装作什么事也没发生，但他还是坚持着内心的原则和标准，一定要为这件事负责。

这样的做法是对他人负责，更是对自己负责。这种精神难能可贵，都值得我们每个人学习。

在我高一的时候，学习成绩也曾一落千丈。但当我明白我的学习态度应该由“要我学”改为“我要学”以后，我才开始有了很大的进步。这样的学习态度一直延续着，到了美国交流时，我更是感受到了它的力量。

在高三一堂英语课上，我们要做关于一本小说的学习考试。题目很多，而且考得很细致，需要我们非常仔细地阅读才能答得上来。

当我把答卷交给老师时，老师很惊讶：“天哪！这是你自己做的吗？”我说：“是呀。”老师说：“太厉害了！”然后站起来举着我的作业对全班同学说：“大家都向这个中国来的孩子学习一下吧，看看他的作业多漂亮，你们基本都只回答一页纸，而语言功底不如你们的他却回答了整整三页！”

其实，由于这本小说年代久远，里面有些词甚至连美国高中生都需要查阅才知道，对我这个中国人来说，读起来是难上加难的。所以，老师对我的要求不高，她要求我只要答出一半就可以了。

可我觉得，就算老师没有要求我，我也应该严格要求自己，所以我花了大把时间，查了好多单词才把小说弄懂。最后，老师也被我这种自觉精神所打动，决定在作业的得分基础上，奖励我额外的分数。

事实上，老师、家长逼不逼我们，对他们自己一点影响都没有。而他们之所以在有些方面会逼我们，是为了让我们能够更好地成长。而我们是不是更应该关心自己的成长呢？

毫无疑问，我们更应该在没人逼的情况下，自觉、主动要求自己做好。

3. 不只满足要求，更要超乎期望

不论是面对学习，还是面对工作，我们的应对状态可以分为三种：

第一，被动应付。这是最低的状态。这样的结果呢，正是“本以为忽悠了别人，实际上忽悠了自己”。

第二，满足要求。这的确不错，也会很受欢迎，但是，这样的人只能按部就班地发展。

第三，不仅仅满足要求，更超乎别人的期望。这是最高的境界，也是每一个人都最应该追求的。

而这第三种，其实也是我最愿意去追求的。

我在美国高中交流时，有一次，因为客观原因，一堂课临时取消了。同学们齐声欢呼，纷纷跑到操场去玩。而我不想浪费这堂课的时间，心想要做点什么。

于是，我来到物理老师的办公室，希望从物理老师那里要一些层次高点的资料来看，并且做一些相关练习。

物理老师很惊讶于我竟然会主动找他要题目做，而且还要难题。因为在他的印象里，大部分高中生都是能偷懒的地方一定会偷懒，可没想到我竟然不愿意偷懒。

于是，物理老师拿出一本大学的教材给我看，并且给我画了一些习题。物理老师说，就冲着我这种好学的态度，就算我在他讲课时打断他问问题，他都绝对欢迎。

正因为我主动的学习态度，我的物理成绩一直在班上名列前茅。当我申请普渡大学的时候，物理老师还很热情地给我写了封高度评价的推荐信。当我高中毕业时，他还特意为我制作了很有意义的纪念品，说相信我将来会有更大的成就。

我认为，无论是在学习还是在工作中，这种不仅满足需求，还超乎他人期望的境界，都是最能有成就、最能有发展的做法。

我们不妨再来看一个著名人士的成功故事。

香港著名的亿万富翁余彭年，刚到香港打工时，在一家公司做勤杂工。一到周末，其他的勤杂工都赶紧去休息了，唯独余彭年留在公司继续打扫卫生。这并不是公司老板要求的，而是他考虑到周末也会有人加班，所以主动想帮助这些加班的人保持一个干净的工作环境。

他周末主动加班从未间断，半年后，老板发现后很受触动，立即把他调到了办公室工作。后来，余彭年这样自觉主动、超越别人期望的做事风格，让他一路不断提升，做到了公司的总经理。在总经理的职位上工作了几年后，他向老板提出想自己开公司，他的老板不仅答应了他，还给他投了资。

余彭年也把这种主动的精神用到了自己的公司上，很快，他的公司不断发展，他也成了一名亿万富翁。

由此可见，这种自觉主动的精神多么重要。

我们每个人都应该懂得，比别人多付出一点，自己就会比别人更优秀一点。不仅仅满足工作和学习的要求，要做到超出别人的期望，这样就能脱颖而出。

自我管理小贴士

1. 我们每一个人都应该明确，学习不是学给别人看的，而是为了自己的发展。当你有了这样一种负责的态度，你就会更能享受到学习的快乐与成长的甜头。

2. 比别人多付出一点，自己就会比别人更优秀一点。

第五章

好学生自念“紧箍咒”

1. 越会自我约束，越能走得远
2. “大智知止，小智惟谋”
3. 越能自律的人越能活出生命的尊严

1. 越会自我约束，越能走得远

每当我谈到自己如何自我管理时，很多同学对我坚持写自我管理日记总是格外感兴趣。不少人都表示，要连续写 10 天都很难，可为什么我却能一写就坚持了 5 年，写了 130 多万字？

有一位读者甚至这样问我：“你难道是神吗？还是台机器啊？你难道就没有松懈过，没有放弃过？”

这我必须坦率地告诉大家，尽管绝大多数时候，我写得很自觉，但我的确也不止一次地放松过。甚至有一次，我连续十几天一个字都没写。

这是怎么回事呢？其实，表面上看来我也情有可原：当时是 2012 年暑假，我刚刚结束繁忙的高三，又已经被普渡大学录取，我想着回到老家终于可以放松放松，于是开始疯玩。这对于一般家庭来说，应该是可以理解的。

然而，我偏偏有一个对我要求极为严格的爸爸。爸爸一直用“放弃只要一秒钟，坚持却要一辈子”这句话来教导我，对于我的好习惯中止了十几天的行为，爸爸自然格外重视。

他写了一封六千多字的长信给我，不仅进一步阐述了写自我管理日记的价值，还讲了坚持做好一件事对培养自己的素养及竞争力的重要性，并严厉地批评了我，要我自己提出如何改进。

看到爸爸的信，我大受触动，我立即下决心，以后写自我管理日记的习惯，一定要雷打不动。于是，我一咬牙，日写夜写，终于把欠下的十几篇日记都补完，然后打包发给爸爸妈妈。按下发送键的那一瞬间，我觉得全身轻松了。

当然，补日记只能解决这一次的问题。为了能够永远战胜自己不想写日记的念头，我主动向爸爸表示："今后只要我一次没写日记，就扣我 100 美元的生活费。"

少写一次就要扣相当于 600 多元人民币的生活费，这实际上是我给自己念的很严厉的"紧箍咒"了。

这"紧箍咒"的效果简直立竿见影，后来，除了有一次因为特殊情况我被罚了 100 美元，我再也没有被罚过。当然，我写自我管理日记的习惯，就这样坚持了下来。

或许你会觉得，要做到这点很难。但其实我能做到这点，除了充分意识到自我约束十分重要以外，还受到了家庭的影响。

我的爷爷 13 岁就成了孤儿，那时，他身边唯一一个亲人，是他的爷爷。

他爷爷在临终前，对他也就是我爷爷说：“我们这里穷，风俗也不好，做坏事的人很多，有偷东西的，有抢劫的，有……”

我爷爷听到这话，知道老人家担心自己以后走上歪路，于是立即往地上一跪，发了一个毒誓，说以后坚决不会干坏事。

虽然那时候爷爷真的很穷困，也有过走投无路的时候，但爷爷一直约束着自己，从来都没有干过坏事。

如果不懂得自我约束，我们是走不长远的。相反，如果我们懂得给自己念“紧箍咒”，越懂得自我约束，就越能走得长远。

2.“大智知止，小智惟谋”

前华人首富李嘉诚的座右铭是“知止”。所谓“知止”，就是懂得分寸，知道适可而止，任何事都不做过头。

然而有些人，就是喜欢过头。比如说，偶尔打游戏放松一下并没有关系，但一旦玩过头、上了瘾，那可就一发不可收拾了。

有一个“90后”，沉迷于网络游戏，为了买游戏装备，一个月内砸了二十多次车窗实施盗窃。最后，警方竟然是在网吧里抓住他的。当时他正在打游戏，竟然还说打完游戏再跟警察去“自首”。

你看，一个人如果如此控制不住诱惑，事情做得如此过头，是多么可怕！因此，我们一定要学会知止。

我在看李锦清的《自制力：不做性格的奴隶》一书时，发现有这么一个故事说得特别好——

有一个富翁的狗丢了，他很着急，于是在电视台发布了寻狗启事，并且承诺，如果谁能找到他的狗，他愿意付1万元酬金。

有很多人纷纷来送狗，但都不是富翁丢的那只。富翁的夫人说，一定是别人嫌酬金太少了。于是，富翁赶紧把酬金改到了2万元。

这时，真正捡到狗的一个乞丐看到了悬赏2万元的告示，第二天就带着狗想去领酬金。但当他经过一个大屏幕时，发现富翁已经把价格抬高到3万元。乞丐立即转身，把狗带回了自己的破屋里，心想着，要等酬金涨到最高的时候，再去大赚一笔。

果然，接下来一段时间里，酬金不断上涨。终于，当乞丐认为，已经涨到足以让自己痛痛快快生活好几年的时候，他才准备带着狗去还给富翁。然而，他回到关着小狗的屋子时，才发现那条狗已经饿死了。

作者引用了老子一句名言来为这个故事做点评，我认为对我们每个人都有借鉴作用：

“祸莫大于不知足，咎莫大于欲得。”

这和李嘉诚先生所强调的“知止”是同一个道理——我们越是贪婪，就越容易变得一无所有。只有学会适可而止，才能长久发展下去。

上述故事，说的是在利益面前不懂得“知止”，而导致煮熟的鸭子飞了的故事。在生活中，还有很多人，在权力、情感、爱好、名声、脾气等方面不懂得“知止”，这些方面有不少反面的典型，都值得我们借鉴。

因此，在各个方面，我都非常注意“知止”，包括与人相处的时候。

有一次，在一堂考试后，我遇到一位朋友，我发现他不是很开心。我问他考得怎么样，他把考卷放在脸前，只懊恼地露出两只眼睛，说：“别提这场考试了！”然后嚓地一下把考卷一撕为二。不用说，他一定考砸了。

他反问我考得如何，我其实等这个问题等了好久，因为我发挥得不错，很想跟人分享我的喜悦。但是当我正要开口时，看着他难过的表情，我立即制止了自己。我想，如果我跟他说我考得很好，他说不定会觉得我在显摆，甚至觉得我在故意打击他。

于是我立即在“想和人分享成功”这件事上，选择了“知止”。我没有谈考试本身，而是打了个擦边球说：“其实，如果好好复习，我还能考得更好……”

那个朋友的表情稍有些缓和。他拍着我的肩膀说：“唉，我们同病相怜。没事，以后我们一起好好加油！”

我记得马云说过，创业的人，一定要弄清楚三个问题：第一，自己有什么；第二，自己要什么；第三，自己能够放弃什么。

其实，不仅是创业，在人生的许多方面，我们都应该要处理好“要什么”和“放弃什么”的关系。

就拿上述故事来说吧。有的同学有点成绩就巴不得在人前炫耀，但是我觉得：自己做得好固然值得自豪，但有时也得考虑一下别人的心情。像这个同学，没有考好心里肯定难受，这时如果我显摆炫耀，无疑会增加他的挫败感。

出于对同学的尊重和对我们之间情谊的珍视，我就要在他面前放弃“炫耀”的冲动，采取这种既不说假话，也对自己有所约束的方式与他交流。他不仅没有消沉，还“宽慰”我，让我们一起加油。这不是一种更妥当的处理方式吗？

我们常说一个词——舍得。所谓舍得，就是有舍才有得。我们越是懂得在关键的时候放弃，越懂“知止”，才越能获得更加宝贵的东西。

3. 越能自律的人越能活出生命的尊严

自律，就是自我约束。我们要遵守纪律、遵守道德，在任何地方都不能肆意妄行。否则，就可能自作自受，品尝到恶果。

学会自律，不仅可以保护自己，更能让我们活出生命的尊严。

有一次，我来到一家很有美国牛仔风情的餐厅吃饭。按照美国牛仔的风俗，他们在餐厅吃了花生，壳就直接往地上扔。而这家餐厅，也延续了这样的特色，允许客人直接将花生壳扔在地上。

但我发现隔壁桌一位大叔，虽然和大家一样，开心地吃着花生，但他没有像大家一样把花生壳扔在地上，而是放在了桌上装垃圾的小桶里。他老婆问他，为什么没有像大家一样直接把壳扔在地上？

这位大叔回答说："虽然这家店允许我这么做，但我习惯了从来不乱扔垃圾，所以在任何地方，我都不希望自己被任何事情所诱惑。”

他的老婆顿时笑得很灿烂，用非常钦佩的眼神看着他。

我也因此对这位大叔十分敬佩。这种自律的人，真是太有魅力了。

什么叫自律？就是时时处处严格要求自己，不让自己有犯错误的机会，也不让自己有任何不好的行为。

既然自律对我们这么有价值，那我们是不是应该好好培养自律精神呢？

孙悟空最怕唐僧念紧箍咒。为了当好成长的主人，我们更要经常给自己念紧箍咒。

只要我们时时刻刻严格要求自己，就能让自己变得越来越好，更能活出生命的尊严。

自我管理小贴士

1. 放弃只要一秒钟，坚持却要一辈子。

2. 如果不懂得自我约束，我们是走不长远的。相反，如果我们懂得给自己念“紧箍咒”，越懂得自我约束，就越能走得长远。

3. 我记得马云说过，创业的人，一定要弄清楚三个问题：第一，自己有什么；第二，自己要什么；第三，自己能够放弃什么。

其实，不仅是创业，在人生的许多方面，我们都应该要处理好“要什么”和“放弃什么”的关系。

4. 我们常说一个词——舍得。所谓舍得，就是有舍才有得。我们越是懂得在关键的时候放弃，越懂“知止”，才越能获得更加宝贵的东西。

5. 学会自律，不仅可以保护自己，更能让我们活出生命的尊严。

第二单元

强化信心，你能当成长的主人

第六章

勇于向自己挑战，就能当成长的主人

1. 不向自己挑战，怎知自己潜能有多大
2. 潜能是逼出来的，不是拿出来的
3. “受伤的地方会变成我们最强壮的地方”

1. 不向自己挑战，怎知自己潜能有多大

我很喜欢这样一句格言：

“人们或许有一天会知道宇宙到底有多大，但却永远无法知道自己的潜能有多大。”

是啊，我们千万不要小看自己，我们的潜能真的是大到超乎自己的想象。

开发自己潜能的最好方式，就是勇于向自己挑战。

对于这一点，我是深有体会的。

前两年我去西安旅游，西安的几位好友邀我一起半夜爬华山，目的就是自我挑战，在天亮前赶到东峰看日出。

去之前，我做了些调查，按照一般人的速度，从山脚到东峰，至少需要走 7 小时。而我们到华山脚下已经快到半夜 1 点了，要赶上 5 点多的日出，不是需要 4 个多小时就爬上去吗？

我抱着极其紧张和忐忑的心情，踏上了登山路。一开始就是一大段斜坡，陡得厉害。我们刚走一两里路，就已经开

始气喘吁吁、汗流浃背，不得不坐下大口大口喝水了。

我问曾经爬过华山的朋友：“我们应该已经走了四分之一了吧？”他说：“你别开玩笑了！二十分之一还差不多！别废话了，赶紧爬吧，不然肯定赶不上看日出！”

听了这话我都傻了，我想，现在我就已经这么累了，那到了华山顶上，我不得累垮了？

我们继续喘着粗气爬呀爬，来到了著名的“回头岩”。顾名思义，在这块石头之前，你都有回头下山的余地，但是一旦走过这块岩石，之后的山路，就险到你根本无法回头了。

在回头岩前我犹豫了很久是否要回头，因为之前那段路我感觉自己已经耗费了大量体力，我不知道自己是否能坚持到华山东峰。而这时，好友们都劝我说：

“你要相信自己，一定没问题！我曾经也在这里犹豫了，但最终一咬牙坚持，看到了我所见过的最美的日出。”

我一咬牙，挥手说：“走！”然后跟大家大步踏过回头岩。有意思的是，知道自己没有退路后，我再也没有想着是否能够爬上去，而是一门心思想着如何爬上去。我实在没有想到，原来自己可以爆发出这么大的能量，我以自己都无法相信的速度爬到了北峰。

北峰一家面馆的老板说，虽然这里离东峰只有几里路了，但看我们这么累了，估计到北峰还得爬两个半小时。他建议我们就在这里吃碗面等天亮算了。

有个朋友想妥协，但我坚持说：“你信不信，这最后一段路，你要是不爬上去，下山了会后悔一辈子？”

我们没有想到，一开始最担心自己不行、最犹豫的我，在最后关头竟然是最坚决的。我想，这也正是因为我不断挑战自己，感觉到了自己无限的潜力，所以有了无限的信心。

朋友们都被我所感染，我们一行人一鼓作气，拼尽全力冲到了东峰顶。此时我转身一看，一轮旭日正缓缓升起。

那一瞬间的幸福感和成就感，真是难以言表——别人要走 7 小时的路程，我们仅仅用了 4 小时就走完了！

直到现在，当我再想起那段回忆，我都觉得有些不可思议。我相信，人的潜力真的大到你无法想象。

在我们身边，经常能看到这样的现象：有人想要好身材，可是嫌健身太累；有人想要好成绩，却嫌学习太辛苦；有人想改变当众讲话怯场的毛病，可是却畏惧每个上台锻炼的机会……

这些人如果一而再，再而三地逃避，最终结果只能是永远都止步不前。可如果他们勇于向自己挑战，可能就会发现：自己的潜能大到无法想象，而许多“不可能”的事情，就在这种敢于挑战中发生。

2. 潜能是逼出来的，不是拿出来的

所谓潜能，就是潜在具有，但还没有开发出来的能力。不过，这些能力，并不是随随便便就拿得出来的，而是要通过不断“逼迫”自己，才能出现。

这几年，我一直坚持健身。而在健身房里，有一个很重要的项目，就是卧推（卧躺着推举杠铃）。而在我练习卧推的过程中，有两件事，使我对逼出潜能这一点特别有体会。

一次，我报了一门健身课。有一天，我正用两边各挂一块 20 磅的杠铃片（加上杆子一共 80 磅，大约 70 斤）在卧推，举得不轻松，但也不吃力。

正在这时，我的健身老师来到我身边，往我的杠铃两边各加了 10 磅，让我试着推举。

一开始我是拒绝的，因为我觉得我肯定举不起这么重的。但健身老师说：“你先别管这么多，你先试试看，我会保护你的安全。”我只好躺下试试看。

我深吸一口气，将杠铃从架上取下，放到胸口，然后一口气往上推——我竟然举起来了！那一瞬间我开心得不得了，因为我做到了自己原以为做不到的事情。

老师拉我起来，说："好样的！你只有不断挑战自我，才有机会超越自我，固有思维有时是会阻碍你前进的。"

是啊，没有什么比超越自我更振奋人心的了。从那以后，我不断挑战自己，而我卧推的水平也在不断提高。后来，我又经历了这样一件事：

一天，我和朋友在健身房练卧推。我要朋友帮我在杠铃两边各放一块 25 磅的和一块 10 磅的杠铃片，然后自己躺下开始练。

刚开始推时，我虽然举得起来，但我觉得杠铃很沉，我以为是自己太久没来健身房的缘故。可没想到，在我推了几下后，朋友突然说："啊！不好意思！我搞错了！我在你两边各放了两块 25 磅的！"

听到这句话我吓得差点儿把手中的杠铃掉下来！两边各 50 磅，加上杆子，一共有 140 磅（130 斤左右），而我曾经认为自己的极限就是 110 磅而已，我怎么可能推得起这么重？

我再试着推了一下杠铃，这下却发现我怎么也推不起来了。

我想，之前我并不知道我两边各有 50 磅，我一直把两边都当作 35 磅在推，所以我认为我推得起来。然而当我知道是 50 磅以后，会不会是我自己的思想束缚了自己，让自己的潜能发挥不出来呢？

于是我再次躺下，决定再试一次。

这一次，我不断暗示自己，我可以的，我明明做到了，我一定可以再次做到的！我一闭眼，一咬牙，肌肉用力收缩，果然又推举起来了！

那一瞬间，我高兴得头皮都在发麻。因为我挑战了自己的极限，并且成功突破了自己的极限。

我相信，绝不仅仅是健身方面，人生中很多其他方面也是一样。虽然我们每个人都有着极大的潜能，但我们的思维有时会束缚我们，让我们无法取得突破。

这时候，我们一定要逼自己一把，让自己不断挑战极限，也只有这样，我们才能激发出自己最大的潜能，爆发出最大的能量。

3. “受伤的地方会变成我们最强壮的地方”

认识到上述道理，对我们的自我突破和自我成长来说是十分重要的。但这个“逼”字，却是说来容易做起来难，因为“逼”自己最核心的一点，就是要经历痛苦。

在痛苦面前屈服，你就只能虚弱；能在痛苦面前不屈服，你就会变得强壮。

我在健身的过程中，感触最深的，就是要随时与痛苦做斗争。说得更准确一点，就是每当自己要向痛苦屈服的那一瞬间，就与向痛苦妥协的念头做斗争。

而每当这时，我往往都能从榜样中找到鼓励自己的力量。

美国著名影星“巨石”强森拥有世界级的健美身材，他喜欢健身，可以双手举起 40 公斤的哑铃。

可见，好身材绝对不是天生就有的，任何方面的成功都需要不断自我磨炼。

正是因为“巨石”强森不断向自己挑战，在每一次痛苦中挣扎着挺过来，他才能拥有这种健美身材。

我还有另外一位非常佩服的偶像——周杰伦。

周杰伦不论是对自己的事业，还是对自己的身材，都有着近乎完美的要求。然而，他的强直性脊柱炎，使他在绝大多数的时候都无法像正常人一样弯腰，甚至很多时候会有钻心的疼痛。

这样的疾病，很大程度上会影响他平时的工作，对于他的健身爱好来说，影响更大。

然而，有一次周杰伦承诺，在新专辑里一定会展示他的八块腹肌。他忍着我们所有人都想象不到的疼痛，硬是在健身房里练出了完美的腹肌，把最完美的自己，呈现在了所有粉丝面前。

“巨石”强森和周杰伦这种敢于挑战自我，敢于战胜痛苦的精神，一直鼓励着我。每当我想要懈怠时，我就看看他们的照片，想想他们的事迹，来鼓舞自己、超越自己。

对我影响很大的，还有这样一次经历：

有一段时间，我因为太忙一直没去健身。终于有一天，我决定恢复我的健身计划。当我来到健身房时，我感觉自己做很多器械都力不从心，做起来特别痛苦。

正当我想要妥协，想要带着“下次再来”的懈怠想法回家时，我突然看到了墙上挂着的一张海报，上面有一句话特别鼓舞人心：

“The injured place will become our strongest place！”（我们受伤的地方会变成我们最强壮的地方！）

我一下就打消了回家的念头，我想：这一点点酸痛算什么？我想要好身材，难道连这点痛苦都忍受不了吗？不行，我得加油练！

受到了这样的鼓舞，不管是健身，还是之后做任何事情，我都会主动迎着困难前进，而这样的精神，也令我很快成长起来。

《中国教师报》曾以一个整版的篇幅对我进行报道，标题是《吴牧天：自找苦吃＝自找补吃》，这一主动吃苦的观点，其实反映了我对成长的一种新认识：

如果你想要健康地成长，你就必须要接受挑战；如果你想更加优秀，你就必须要主动寻找挑战！

自我管理小贴士

1. 我们千万不要小看自己，我们的潜能真的是大到超乎自己的想象。

开发自己潜能的最好方式，就是勇于向自己挑战。

2. 虽然我们每个人都有着极大的潜能，但我们的思维有时会束缚我们，让我们无法取得突破。

这时候，我们一定要逼自己一把，让自己不断挑战极限，也只有这样，我们才能激发出自己最大的潜能，爆发出最大的能量。

3. 我在健身的过程中，感触最深的，就是要随时与痛苦做斗争。说得更准确一点，就是每当自己要向痛苦屈服的那一瞬间，就与向痛苦妥协的念头做斗争。

4. 自找苦吃＝自找补吃。

第七章

敢于尝试，就能当成长的主人

1. 别提前打击自己，不试哪知行不行
2. 与“拒绝敏感症”告别
3. 别被动等待机会降临，要主动促使事情发生

1. 别提前打击自己，不试哪知行不行

你可能见过这样的情况：

有人想竞选班干部，可总是担心自己选不上；有人想参加运动会赛跑，却害怕自己跑不过别人；有人想申请奖学金，却怕自己不够格……

类似的情况一定不在少数，而这种畏畏缩缩、不敢尝试的做法，正是我们追求梦想的绊脚石。

其实，我也曾经是一个不自信的人，我不善于表现自己，有时甚至不敢在别人面前说话。

记得初二暑假，爸爸问我有没有下学期竞选班干部的想法。我摇了摇头，说："我觉得大家都比我强，我怕我选不上……"

爸爸告诉我："没事的，只要你去竞选了，能否选上都在其次，更何况，你怎么知道自己选不上呢？"

我说："可是……"

没等我说完，爸爸立即打断我，说了一句让我永生难忘的话：“怕什么？大不了回到原点！”

爸爸的这句话给了我很深刻的启示，我顿时醒悟过来：是啊，不过是一次竞选而已，如果不去尝试，那我是绝对不可能当上班干部的。但是，如果我相信自己，敢去竞争，那就是在为自己争取机会！哪怕最后失败了，也不要紧，因为以后还有机会。

于是，回到学校以后，我积极准备竞选班长，没想到，我竟然真的如愿以偿了！

竞选成功，令我更加有信心了。我喜欢写文章，但以前我从来不敢向报刊投稿。通过这件事后，我开始主动给《初中生优秀作文》《科教新报》等报刊投稿。虽然我不确定我一定能发表文章，但我觉得不管怎么样都应该自信地尝试。

结果，我得到了主编的认可，后来又发表了好几篇文章。《初中生优秀作文》除了刊登我的作文外，还在《明日之星》栏目里，对我进行了隆重的宣传介绍。

爸爸的一句话让我懂得了自信，而我也把自信养成了习惯。是啊，一个自信的人，往往可以给自己创造很多意想不到的机会，也能引起更多的关注。这样一来，他的优秀就会体现出来。

当我在美国当交流生时，敢于自我展示的好习惯，也给我带来了惊喜——从来没有学过美国历史、历史成绩并不拔尖的我，竟然当上了要求极为严格的历史老师的助教（详见《管好自己就能飞》）。

不仅仅在学习方面，其他方面，我也有所突破。

上大学后，有一个周末，我和几个同学一起帮助当地的慈善机构去社区募集捐赠衣服，然后由慈善机构分发给需要的人。

在去挨家挨户敲门之前，我心里无数次想象过被人骂“骗子”，或者很不礼貌地让我走开的场景。

害怕归害怕，我还是选择积极去做。

没想到，当听说我们是在为慈善机构募集衣物时，所有人都非常热情地捐赠，没有任何一个人拒绝。甚至还有人请我们到家里喝果汁、吃饼干，还把两件全新的、买错了码的棉衣捐出来，让我们去帮助冬天需要温暖的孩子。

那一整天的活动，让我觉得特别温暖，特别开心。本来，我对这次活动是没什么信心的，但当我开始做以后，我发现原来人们都这么有爱心，这个世界其实是这么美好。

后来，我看到这样一段话，觉得非常好，常常用来勉励自己：

“Nobody is born to succeed,but everybody can try to succeed.”（没有人天生就可以成功，但每个人都可以努力试着成功。）

是啊，许多人之所以失败，往往就是因为自己提前打击了自己。事实上，不管结果如何，我们都不应该在还没开始尝试时就对自己说“不行”。

不论如何我们都应该先试一试，不试哪知行不行呢？

2. 与“拒绝敏感症”告别

在一些青少年中存在这样一种现象：他们胆子很小，本来对别人可以有一些要求和期望，但因为害怕一开口就被拒绝，导致自己很丢脸，于是哪怕容易做到的事，也总是不敢开口。

如果发现自己有这种情况，我们就应该开始警惕，自己是不是犯了“拒绝敏感症”（对拒绝过于敏感）了。

其实我曾经也是一个有“拒绝敏感症”的孩子，哪怕去小朋友家玩，看到小朋友的玩具，自己很想玩，但是只要小朋友没有主动邀请我玩，我就一直不敢开口。

在别人眼中，我是一个十分听话的孩子。但大家却没有料到，我的心中，常常为自己想要又怕被拒绝的心理折磨得痛苦不堪。

“拒绝敏感症”陪伴了我很久，尽管我与它做了多年斗争，情况有所好转，但一直没能根除。这给我带来了不少烦恼。

后来，我经历了这么一件事，并因此彻底告别了“拒绝敏感症”。

刚到美国交流时，在陌生的文化环境中，我格外胆小，虽然寄宿家庭的主人对我特别热心，但有很多要求，我都不敢去提。

比如，我不敢随便吃他们家的零食，不敢问我是否可以看他们家的蓝光碟，也不敢问寄宿家庭的妈妈是否可以开车送我去健身房，在饭桌上，我甚至有时不敢问我是否可以再吃一块牛排……

这样的情况，使我迟迟不能融入寄宿家庭快乐幸福的生活中去，有时就连饭都吃不饱。

有一次，我和寄宿家庭的爸爸妈妈一起参加交流组织举行的活动。在活动现场，我的地区代表①与我聊起我在寄宿家庭的生活，我也坦诚地告诉她，我对于很多事情有些害怕，因为我不知道很多我认为没问题的事，在美国人眼里会不会是失礼的。

地区代表听完我的话，告诉我：

“我认为你一定要跟寄宿家庭的成员拉近关系才能解决文

---

① 交流组织在每一个地区安排的负责管理当地交流生的人员。

化差异的问题。我们有许多交流生，为此都会亲切地叫寄宿家庭的主人爸爸妈妈，你愿意这么做吗？”

我眼睛一亮，其实我有这个想法已经很久了，但我一直害怕被拒绝而没有提出来。地区代表看出了我的忧虑，于是拍拍我的背，说：“跟我来！”

我们一起来到我寄宿家庭的主人身边，我的地区代表对我说：“Ask them!”（问他们！）我先是一愣，但看到地区代表这么强的气场，我也硬着头皮问，我是否可以称呼他们爸爸妈妈。

我本来心里还想着：“完了完了，可能要丢人了。”但没想到，寄宿家庭的爸爸妈妈给了我一个温暖的拥抱，说：“Sure! Why not？”（当然啦！为什么不呢？）

那一瞬间，我的心里真是心花怒放，觉得特别温暖。而地区代表也微笑着对我竖起了大拇指，还说：“It never hurts to ask, right?”（问一问有什么要紧，对吧？）

从那天开始，我有任何想法都敢于去询问，跟寄宿家庭相处得也更融洽了。而经历这件事情后，令我收获更大的是，从那天起，我彻底跟“拒绝敏感症”说拜拜了。

“拒绝敏感症”其实对人的阻碍非常大，因为在事情开始之前，自己就因为怕丢脸等原因，否定了这件事成功的可能性。

可是你有没有想到，这份“必然发生”的拒绝，有可能完全是自己大脑“虚构”出来的？

别那么敏感，害怕被拒绝，认真尝试一下！说不定你得到的并不是冷冷的拒绝，而是一个热情的拥抱！

3. 别被动等待机会降临，要主动促使事情发生

当今时代，机会十分重要，可是不少人总是在被动地等机会降临。我却认为，守株待兔的思维是难以成功的，我们一定要主动去创造机会，促使事情发生。

比如，当初我申请普渡大学，许多出国的同学都花了好几万元找中介去申请，而我却主动联系普渡大学招生办的老师。结果呢，我拿到录取通知比那些找中介的同学要快许多。

再有，刚到美国，我去办健身卡、银行卡时都遇到了各种各样的阻力，而我都主动想办法，最终也都一一办好了。

我再与大家分享一件前不久发生的事情：

上个学期开学前，我在网上购买了教科书，网上写的预

计送达时间，正好是我开学的前一天。那天，我在家等了很久，都没见快递员来。于是我走到门口，想看看是否快递员放在门前了。可我收到的却是他贴在门上的一张纸，说他来敲门的时候没人开门，所以他明天再来送一次。

换作平常，我可能就由他第二天再送了，可是因为我第二天上课就要用这本书，所以当天我无论如何也得拿到它。

我立即打电话给客服，看能否让我今天去网点取件，或者今天再为我派送一次。然而，我得到的答案都是不行。正当我想要放弃的时候，我转念一想，不行，包裹没送到我手上，这绝不是我的错，肯定是快递员的问题。因为我一直坐在离门不远的客厅里等快递，如果有人敲门我不可能听不到。

于是我又打了个电话给客服，而这一次客服接线员给出的答复还是否定的。但我没有放弃，我问，能不能将我的电话转接给他们经理，让我跟经理直接沟通。

接线员很乐于助人，帮我转接到了经理那里。我跟经理把事情阐述之后，经理估计也怕麻烦，告诉我他没有办法。

我灵机一动，对他说："你们的广告词不就是'We are here to help'（有我们帮你）吗？我一直很信赖你们，就是因为你们高效且优质的服务，我希望我可以继续信赖你们，所以我相信，这么一点小问题，你们一定可以帮我解决。"

听了这话，经理立即说："感谢您的信赖，我立即打电话给你所在城市的网点，我保证，1 小时内，您一定收到您的包裹。"

果然，没过几分钟，我就接到了快递员的电话，很快我也收到了包裹。

主动的人总是去找机会，而不是被动地等机会来找你。

在你主动争取的过程中，你或许会想到本来没有想到的解决办法，很多看似“不可能”的事情，很有可能就会变得可能了。

自我管理小贴士

1．“Nobody is born to succeed,but everybody can try to succeed.”（没有人天生就可以成功，但每个人都可以努力试着成功。）因此，不论如何我们都应该先试一试，不试哪知行不行呢？

2. 别那么敏感，害怕被拒绝，认真尝试一下！说不定你得到的并不是冷冷的拒绝，而是一个热情的拥抱！

3. 守株待兔的思维是难以成功的，我们一定要主动去创造机会，促使事情发生。

第八章

拒绝借口，就能当成长的主人

1. 定了目标，就竭尽全力去实现
2. 做错了，就自觉认错与改错
3. 做出了承诺，就要“一诺千金”

1. 定了目标，就竭尽全力去实现

美国石油大王洛克菲勒曾经给他的儿子写过一封著名的信，讲的是“不要找借口”，其中有这么一个精彩的观点：

“借口是失败的根源。借口把绝大多数人挡在了成功的大门之外，百分之九十九的失败都是因为人们惯于寻找借口。所以在追求事业成功的过程中，一个最重要的步骤即为：防止自己找借口。一个人越是成功，越不会找借口。”

这段话实在值得我们青少年重视。的确，要做成长的主人，就得学会不找借口。

不找借口，首先体现为要对目标和任务负责。也就是说，确定了要完成的目标和任务，就要为此负责。

但是，事实上，一些人做不到这点，因为他们总能找到借口。

且来看看我身边的一个例子：

我有一个同学扎克，化学成绩非常优异。有一次，他在课上申请当了一次化学实验的小组长，要负责实验中最复杂的部分。

小组里其他人都佩服他的优异成绩，所以毫无顾忌地把这个重担交给了他。

实验的准备过程非常烦琐，而扎克给所有同学制订了分工计划，他给自己的计划订得也格外细致。大家看到他这样的态度，都说："有扎克当小组长，我们这次实验一定能拿高分！"

然而，让所有人都没有想到的是，在实验的当天，竟然是制订计划最认真的扎克出了状况，差点儿把整组人都害惨了！

实验在早晨进行，除了他以外的所有的组员都到场了，可他却迟迟没有出现。组员一个个都非常着急，因为他手里拿着最重要的数据表，没有那张表就无法开始实验。

于是他的组员只好临时开始重新分工合作，重新制作数据表，开始实验。实验时间过半后，扎克才匆匆赶来，没想到却被老师挡在了门口。

老师说："你知不知道，因为你迟到，你所有的组员差点儿没法完成任务？"

扎克刚要接话，老师就说："不用跟我解释，去跟你的组员们解释吧，如果他们同意现在让你加入，那你就可以加入，否则就请你离开吧。"

扎克走到组员们身边，跟他们说，他早上车子坏了，走到公交车站又忘了带公交卡，所以才迟到，希望可以允许自己加入到实验中，因为自己不想被扣分，而且自己做好了实验万无一失的准备，一定可以带着大家拿高分。

没想到的是，竟然没有一个组员相信他！他们一致表示，就算他化学再好，他们也不愿意和他一起做实验了。因为他一个人迟到差点儿让他们全组无法完成任务，而他的借口，没有人愿意听。

最终，扎克只好低着头离开了实验室。

毫无疑问，这位同学的行为是极其不负责任的。他固然可能真的碰到了意外情况，但在他人看来，他这样的行为还是影响不好。而他，也不得不为他那缺乏责任和找借口的行为付出代价。

任何人，既然定下了目标，就一定要努力去完成。在这方面，电影《国王的演讲》给我们提供了很好的榜样。

艾伯特王子是英国国王乔治五世的第二个儿子。他很有才华和思想，然而因为患有严重的口吃，完全没有办法发表演讲。

后来，他在一位导师的引导下，一直训练如何克服口吃。在重重困难面前，他从未放弃，想尽一切办法，一心要突破自己。

终于，艾伯特实现了目标，克服了口吃，并且在“二战”前，给自己的人民做了一次非常成功且具有轰动效应的演讲。

口吃可以说是最难以克服的病症之一，而艾伯特王子在给自己定下克服口吃的艰难目标后，坚持通过自己的努力实现了目标。我认为，只有像艾伯特王子一样永不放弃地去征服目标，我们才能像他一样成功。

我的爸爸是国内著名的方法学家，在他的《方法总比问题多》一书中，有一个核心理念：

“只为成功找方法，不为失败找借口。”

这和洛克菲勒的理念很相像。洛克菲勒也认为，失败者，往往都喜欢用各种各样的借口来解释自己为什么失败、为什么做不下去了。起初他们或许会认为这样的借口多少是在撒谎，但在不断重复地找借口后，他们就会开始相信这个借口是真的，正是自己无法成功的原因。这样一来，这些找借口的失败者只能永远失败下去。

因此，我们千万不要为自己找借口，而要为了实现目标，敢于尽最大努力去行动。

2. 做错了，就自觉认错与改错

我们每个人都可能会犯错。错了，就得敢于认错，敢于改错。这是一种承担责任的精神，恰恰是我们每个人都必须具备的。

一个犯了错却不敢承担责任的人，到哪里都不会受欢迎。

我们来看两个对比鲜明的例子。

有一次，我在网上看到一则消息。一个在美国读书的中国留学生外出吃饭时，在饭店门口把另外一辆刚刚停好的车剐蹭出了很长一道印记。这个留学生不仅没有道歉，连看都没多看一眼，直接把车开走了。

被剐蹭车的车主很生气，开车追了上去，可那个人完全不理会。这辆车的车主也是中国人，由于不想告到警察那里让同胞难堪，所以打算私了——他拍下了对方的车牌，然后发到社交网络上，请一个知名的美国账号发出，并帮忙询问是否有人认识那辆车的车主。

结果，在那条消息下，很多人都留言谴责这位不负责任的车主，还说这种不负责任的行为，不仅丢自己的脸，更是丢中国人的脸。

同样是剐蹭了别人的车，我们来看看另一个正面的案例：

有一个收废品的老大爷，骑三轮车时不小心蹭到了一辆小汽车。他在汽车旁边等到车主来后，很主动地要求赔偿。在要到了车主的联系方式后，就立即回家开始筹钱。他自己没有足够的钱，就去亲戚朋友那里借，终于零零散散地凑到400元钱。

当他把一大摞皱巴巴的 5 角、1 元、5 元，最大 20 元面额的钞票递给车主时，车主的心里五味杂陈。车主最终被老人这种承担错误的精神所打动，不仅不收他的赔款，还给了他 1000 元钱让他改善生活。

对比起来，这个老人的行为，就很值得我们学习。他虽然自己没有能力赔偿，但他还是敢于承认错误，并且尽力想办法弥补自己的过错，这才是勇于负责的表现。

上述事例，说的是如果是自己的责任时，我们应该敢于承担错误。但有的时候，如果我们与他人发生了矛盾，哪怕我们有足够的理由去责备别人，我们也一定要记住，在那之前我们要先反思，自己是不是也有做得不好或不够的地方。

我与大家分享一件我亲身经历的事。

有一次，在回国的飞机上，我和同行的同学都很疲惫，想先睡一会儿，但又怕错过晚饭，所以我们拜托了同排的一位大叔，让他在空乘人员来发饭的时候，叫醒我们。这位大叔连说没问题。

于是我们就安心地睡觉了。当我睡了一会儿醒来时，发现机舱里其他人差不多都吃完饭了，而只有我们这一排三个人没有拿到饭。而被拜托要叫醒我们的那位大叔，睡得比我们还香。

我当时心里有点不开心，既然大叔答应了要喊醒我们，怎么能自己睡着了呢？我摸着饿得咕咕叫的肚子，刚想叫醒他指责两句，但转念一想，这件事我是不是也有应该反思的地方呢？

我和同学想睡觉不假，但这位大叔是不是也可能很累了，也想睡觉呢？其实这也是我自己一开始没想周全吧。

我赶紧按了服务铃，向空姐要了三份晚餐。空姐将晚餐送来时，我将我的同学以及这位大叔叫醒。这位大叔醒来后连连跟我们道歉，由于我先对自己进行了反思，也没有再怪这位大叔，跟他说：“没关系，没关系。”

这位大叔也很开心，还把自己随身带着的榨菜热情地分给我们吃。

在这件事情上，大叔是有做得不妥的地方，假如严格要求自己，就应该说到做到。没有做到，就可能会受到别人的抱怨或指责。

但是，假如站在对自己严格要求的角度，我就不能先顾着指责他人，而应该先反思自己是否做得不妥了。

我这样处理之后，不仅没有因为过于计较而内心难受，而且也更好地处理了与周围人的关系。

我认为，我们不论在什么时候，都要养成先自我反思的好习惯。

如果自己的确有错，就一定要敢于承认，敢于改正，敢于负责。这样我们才能将自身的缺点一一改正，更好地成长。

3. 做出了承诺，就要“一诺千金”

信守诺言，是我们中华民族的传统美德。任何人都可以动动嘴皮、不费吹灰之力地许下诺言，但却很少有人能真正遵守诺言。很多时候，随便找个借口，再重要的承诺都可以顷刻化为乌有。

我们不妨来看个历史故事，相信大家看完后就会了解，诚信有多么重要。

西周末年有一位昏君叫周幽王，他喜欢一个叫褒姒的美女，可是他千方百计都难以逗褒姒一笑。

有一天，周幽王下令，在周围用于在危难时刻召集诸侯来救助的烽火台点火。各路诸侯以为周幽王有难，纷纷赶来，这时，难得一笑的褒姒终于笑了。

见她笑了，周幽王十分开心。但他没有想到的是，各路诸侯发现周幽王竟然利用他们只为逗褒姒一笑，就都很生气地回到了自己的封地。

后来，周国真的遇到强敌兵临城下。而此时，周幽王再次点燃烽火，竟没有一路诸侯愿意相信他，赶来相救。周幽王也最终国破家亡。这就是著名的“烽火戏诸侯”。

然而，差不多就在同一个地方，四百年后，发生了另外一件事。

当时，商鞅正主持变法。但政局动荡，人心惶惶，在那种时候，如果不能收服民心，想要变法基本是不可能成功的。

于是，商鞅为了树立个人威信，来到都城南门门口，立了一根三丈长的木头，并且当众承诺，如果有人可以把这根木头搬运到北门，就赏他十金。所有围观的人都不敢相信，这么简单的事情，竟然会有人愿意出十金这么多钱。所以没有人上前去搬。

商鞅见没人上前来，于是把赏金提高到了五十金。这时，有个人说“我试试”，然后走上来，轻轻松松把木头搬到了北门。商鞅也按照承诺，立即赏了他五十金。

商鞅“立木为信”这一举动，一下子收服了百姓的心。他们觉得，商鞅是一个值得信赖的人。这也为后来他顺利推行变法，打下了很好的基础。

周幽王和商鞅两个人，在诚信方面，有着截然相反的态度：周幽王把诚信当儿戏，最终导致整个西周的覆灭；而商鞅深知遵守诺言的重要性，也借此在百姓中树立了威信，最后变法成功，民富国强。

对于国家的命运来说，守承诺、讲诚信都是如此重要，那么对于我们每个人来说，更是如此。

我身边就有这么一个朋友尼克，自从进入大学开始，他花了三年时间，追了六个女孩，一个都没有成功，也因此一直被人嘲笑。为什么呢？虽然这些女孩对他第一印象都不错，但却都觉得他不守承诺。

突然有一天，在一位女孩的责骂下，尼克意识到自己不守承诺这件事的严重性，于是暗自下决心，以后不论做什么承诺，也要拼命做到。

从那天开始，尼克跟变了一个人一样，他不再轻易答应别人什么事情，但一旦答应了，他就绝对会做到。不久后，尼克终于如愿以偿地追到一位美丽的女孩。

不仅如此，后来还发生了一件事，让尼克赢得了很多人都梦寐以求的机会，进入美国一家知名企业工作。

尼克参加面试时，考官给他出了一道题，让他编写一个程序，问他是否能在半个月内编写完毕。尼克因为不想失去这样的机会，他脑子一热，一口答应下来。

然而，回到家以后，看着题目他却蒙了——这样一个程序，靠他一个人根本无法在半个月内编写完毕。可是他已经答应了，他下定决心无论如何也要做到。

他自掏腰包，花了6000多美金，请了三个程序员协助他一起编写这个程序。半个月后，他拿着编写好的程序，以及一封道歉信，再次来到面试官面前。

他在道歉信中写道，自己应当为当时没有慎重思考就接下任务而道歉，因为这分明不是半个月内就能完成的事情。但是，既然已经答应了，他就必须要遵守承诺。于是他请了三位程序员与他一起编写，不知道这是否违反测试的规定，如果违反了，他自愿退出选拔。

没想到，在场的三位考官都为他鼓起了掌。他们先是肯定了尼克承担错误的勇气，而后告诉他：

“的确，我们出题时，设置的就是两个月才能完成的题目。但是，我们并没有明确说不能雇用程序员。你这种解决问题的决心，以及遵守承诺的品质打动了我们，你就是我们公司所需要的人！欢迎你！”

尼克说，那是他人生中最难忘的一个瞬间。而这次经历，也让他变成了一位一诺千金的男子汉。

由此可见，遵守诺言、说到做到，是多么重要。

我们在答应他人任何事情前，其实都应该好好思考，自己是否能够做到。如果做不到就不要答应，但是只要你答应了，就无论如何一定要做到，这才是言而有信。

自我管理小贴士

1. 只为成功找方法，不为失败找借口。

2. 借口是失败的根源。百分之九十九的失败都是因为人们惯于寻找借口。所以在成长的过程中，一个最重要的步骤即为：防止自己找借口。

3. 我们每个人都可能会犯错。错了，就得敢于认错，敢于改错。这是一种承担责任的精神，恰恰是我们每个人都必须具备的。

4. 人生中，我们总会遇到难以做好的事情，这时，我们往往最容易为自己找借口。只有不给自己任何找借口的机会，勇往直前地努力，才有可能收获该有的成长与成功。

第九章

像竹子般成长，就能当成长的主人

1. 打好基础，挺过枯燥难熬的最初阶段
2. “及凌云处尚虚心”
3. 弱者怕批评，强者“讨”批评

1. 打好基础，挺过枯燥难熬的最初阶段

看到本章的标题，你可能会觉得奇怪：“一根竹子，能有多大能耐？还能帮助我当好成长的主人？”

我要告诉你的是，你可千万别小看竹子，它成长中每一个阶段，都有着了不起的智慧，特别值得我们学习。

首先是对基本功的重视。我们来看看毛竹是怎么生长的吧。

毛竹在生长的前5年里，地面基本上是没有多大变化的，那么这5年毛竹都在做什么呢？

毛竹会利用这5年时间，把自己的根不断向地下深扎、不断扩张，虽然枯燥，但却丝毫不懈怠。经过5年时间，毛竹会把根扎到你想象不到的深度，有时甚至能扩张到好几百米深。

在第六年雨季时，毛竹会开始全力生长，一天的生长速度最快能达到一两米高，最后长成将近30米的高度。

毛竹的生长速度之所以可以如此之快，正是因为它前5

年老老实实把根扎得那么好。只有根扎好了，它才能够吸收足够的养分，让自己爆发出惊人的力量。

记得马云曾说过一句话:“不想当将军的士兵不是好士兵，但是一个当不好士兵的将军一定不是好将军。”这其实说的是同一个道理：打好基本功极其重要。因为只有把根基打好了，一个人才有可能以最理想的速度成长。

但是，打基础的阶段，实际上是最枯燥难熬的阶段。你需要对目标坚定不移，并且持之以恒去努力。

关于这一点，我其实深有体会。

我有一段时间自学吉他，但发现很多和弦按起来非常费劲，弹出来的音也很难听。正当我想放弃时，有一个吉他弹得非常好的朋友告诉我，要我每天好好练习“爬格子”。

“爬格子”是练习吉他基本功最好的方法，但是由于要一遍一遍反复练习很枯燥的动作，而且短时间内难以看出效果，许多吉他初学者都懒得去练。

听完这位朋友的话，我下定决心好好练。从那天起，我每天都坚持至少练 1 小时“爬格子”，不得不说，过程非常枯燥，非常无聊。

但是我心中有着要弹好吉他的目标，所以我逼着自己一定要坚持，一定要挺过这段最枯燥的时间。

终于有一天，当我感觉自己“爬格子”非常熟练以后，我试着弹了一首原本我认为非常难的歌曲。我惊讶地发现，我之前按不好的和弦，现在竟然全都能轻松按好了，弹出来的音与之前相比也是天壤之别。

基本功可能是一件并不起眼的小事，你必须一遍遍重复才能练好它。但不论这个过程有多么烦琐，有多么枯燥，我们都应该好好坚持，因为坚持下来，结果一定会令你惊喜。

我们再来看看京剧大师梅兰芳的故事。

梅兰芳出生在京剧世家，8 岁开始学艺，但他的天赋并不突出。当时，他的老师教他一段戏，他背了很长时间都背不下来台词。老师甚至不耐烦地说："祖师爷没给你这碗饭吃！"然后便转身离去。梅兰芳深受打击，却丝毫没有灰心。他想：台词若是一般人要练十遍，那我就练一百遍！通过一遍又一遍枯燥的练习，他终于攻克了台词这一关。

另外，那时梅兰芳由于视力不好，眼珠也不灵活，完全表现不出京剧最讲究的"眉目传神"。他听说看鸽子飞翔可以锻炼眼神，于是他养了许多鸽子，每天在练完戏以后，就把鸽子放出来飞，然后盯着鸽子练眼神。日复一日，梅兰芳的眼睛越来越有神，最终，世人都称赞他的眼神"无与伦比"。

除此之外，梅兰芳为了练步法，在寒冷的冬日里，当所有人都在火炉旁取暖时，他却将水泼在院子里结成冰，然后在冰上练习。其间，他摔倒了无数次，但他又无数次爬起来继续练，终于练好了京剧表演中多种极其重要的步法。

正是因为梅兰芳能挺过一般人挺不过的枯燥且难熬的阶段，下一般人不愿意下的功夫练习基本功，他才能成为一代宗师。

万丈高楼平地起。在成长的过程中，练好基本功十分重要。有的人好高骛远，不愿意练基本功，忍受不了枯燥的过程，缺乏耐心，坚持不到最后，就开始灰心。

这时，如果我们能像竹子那样，坚定地练好基本功，我们就能拥有未来发展的潜能了。

2. “及凌云处尚虚心”

竹子给我们的第二点启示，是让我们懂得谦虚的价值。

我曾经去过一家特色茶楼，茶楼里所有的桌椅和装饰全是用竹子做的。而令我印象最深刻的，是这样一副咏竹的对联：

未出土时先有节，及凌云处尚虚心。

这句话想表达的意思是，在我们还没有成就时，就要有自信和节操；而当我们有了成就时，就应该永葆虚心——竹子之所以后来迅猛生长，与竹子的中间是空的这一特点有关，哪怕到了“凌云”的高度，也是如此。虚心，是一种非常重要的品质。

而我也深刻地认为，越是有成就的人，就越应该虚心。为什么呢？

第一，再优秀的人，也可能有需要改进的地方。

我们来看一个著名画家齐白石的故事。

有一天，著名诗人艾青带着一幅署名齐白石的画，来请已经耄耋之年的齐白石鉴别真伪。齐白石看了看，不禁叹了口气说：“我年轻时画画多么用心啊。”

据说艾青走了以后，齐白石一直高兴不起来，一个人在书桌前练着画画最基本的描红。齐白石的儿子疑惑地问：“父亲，您早就闻名于世了，为什么现在还要做这么基础的事情？”

齐白石说：“我现在虽然声望很高，别人觉得我随便一画都是好的，我也被这样的盛名弄得放松了对自己的要求。直到我看到自己年轻时的一幅画，我才猛然惊醒，我还应该继续努力，提高自己啊。”

从那以后，齐白石虽然年龄越来越大，但从未间断过画画。

即使是齐白石那么德高望重的大画家，在他年迈的时候，他也不忘去发现自己的不足，并且加以改正。那么，不如齐白石那么优秀的我们，是不是更应该学会虚心改正自己的不足之处呢？

第二，只要谦虚一点，任何人都有值得你学习的地方。

《管好自己就能飞》出版后的那个暑假，我回到了国内。中央电视台、北京电视台等媒体都播放了有关我的节目，我还在几十所学校举办讲座，影响很大，可以说轰动一时。甚至有媒体做出了这样的报道："追歌星，追影星，不如追成长明星。"

我心里十分高兴，也十分自豪。但是，我心中一直牢记着"及凌云处尚虚心"这样一句话，我也时刻提醒自己不能骄傲，要懂得向别人学习，因为每个人身上都有值得自己学习的地方。

果然，不久后，我就在一些还并不如我"有名"的人身上学到了需要进一步学习的东西。

甘澍叔叔在我的老家当村支部书记。有一天，他和我分享他讲话时的心得。他说，一些很平淡的话，经过一些巧妙的加工，就可以变得很有意思，让听众更愿意听，也更记得住。

比如，有一次他讲一些人爱打牌的现象，想表达他们没日没夜地打牌，他是这么说的："有些人，白天打牌打到鸡进笼，晚上打牌又打到东方红。"又押韵又形象，逗得在场的人都哈哈大笑。

于是，我从甘澍叔叔那里就学到了讲话的艺术。

有时，甚至是街边的乞丐，都可能有值得我们学习的地方。

有一次，我和爷爷在县城散步，看到一个人在路边乞讨，但他不只是摆一只碗放在旁边，而是用粉笔，以一手漂亮的字，写了这么一首诗：

天涯漂泊我无家，卖唱求生病体麻。
今日贵人伸助手，爱心滋润半残花。

他运用自己漂亮的书法功底，以不同于一般乞丐的文采来乞讨，当然比别的乞丐更容易得到施舍。

而我，也从他身上学到了，做任何事情都要与众不同，都要比别人做得更好，才会有竞争力。

第三，“知识圆”越大，会发现要学的东西反倒更多。

我在美国上创业课时，有一天，教授请来了一位优秀的创业家给我们讲课。其中，他分享了一个“知识圆”的观点，让我受益匪浅。

他说，我们每个人都有一个知识圆，圆的面积，就是我们已经掌握的知识，而圆的周长，就是我们还不知道的东西。

随着我们掌握的知识越来越多，圆也越来越大。这时，虽然圆的面积增大了，但圆的周长也增大了。因此，我们知道得越多，也说明我们需要继续学习的东西就越多。

难怪连爱因斯坦那么聪明的人都说，自己是世界上最无知的人。

我认为我们每个人都应该抱着谦虚的心态，时时刻刻去发现自己是否有需要改进、需要学习的地方，这样，我们才能越来越优秀。

3. 弱者怕批评，强者“讨”批评

我有一个小师妹，她学习成绩非常好，作文尤其出色。但她有一个缺点，她有很严重的“公主病”，谁批评她，她就大发脾气。

这样的“公主病”，使她在成长的过程中，遇到了不少障碍，比如学习成绩难以提高，人际关系处理不好。有一次，最器重她的语文老师把她叫去谈心，给她看了这样一段文字：

“同是两根竹子，一根做成了笛子，一根做成了晾衣竿。晾衣竿不服气地问笛子：‘我们都是同一个山上的竹子，凭什么我天天日晒雨淋，不值一文，而你却价值千金呢？’笛子说：‘因为你只挨了一刀，而我却经历了千刀万剐，精雕细琢。’晾衣竿此时沉默了……人生亦是如此，经得起打磨，耐得住寂寞，扛得了责任，才能肩负使命，人生才会有价值！”

这段话让那位小师妹有很大的触动。从那天开始，她再也不抵触别人的批评了，有时甚至会主动请求别人提出批评意见。这样的转变效果十分明显，她不仅学习成绩进步很快，而且越来越受大家欢迎。

后来，她还专门写了一篇文章——《做个经得住“雕琢”的人》，总结她的这段经历。

是啊，我们要想成才，好像普通的竹子一样，哪怕是块好材料，也是远远不够的，我们一定要能够经得住雕琢，甚至主动要求雕琢，才能让自己更加优秀。

我必须承认，在我成为成长励志畅销书作家，并且在各地演讲之后，我也偶尔会有些飘飘然。我记得有一次在温州做讲座，大屏幕中放映出了我杂乱的电脑桌面图标。爸爸因此批评了我，告诉我这样既显示出我在文档管理方面做得不好，也是对听众的不尊重。

爸爸原本是资深培训师，他的观点很对，我也的确应该尊重他，可当时我就是无法接受，还跟爸爸顶起嘴来。于是，爸爸针对我受不了别人批评的情况，跟我分享了他刚刚参加工作时的一段经历。

有一次，爸爸写了一篇自以为很不错的批评报道，文笔也很棒，拿给他的一位同学兼好友看，希望能得到几句赞赏。

而让他没有想到的是，那位朋友看完，竟狠狠批评了爸爸："这样的稿件也叫批评报道？该披露的半遮半掩，该有的严厉批评就像温开水……你就以这样的胆量和水平，去为社会呼唤正义吗？"

爸爸听完这番话，觉得又羞愧又没面子，甚至还有些生气。但他转念一想，觉得这位朋友说得很有道理，于是赶紧重新修改稿件。

这篇报道后来引起了很大的社会反响，也为爸爸之后在新闻界的发展打下了坚实的基础。

爸爸跟我说，他至今都非常感谢那位好朋友对他毫不留情的批评。而更重要的是，爸爸当时能够控制住心里的情绪，第一时间接受对方的批评。

爸爸告诉我："不要害怕别人的批评！折磨你的'噪声'，也许正是成就你的福音！"

从那以后，我更加意识到了接受批评的重要性。这对我的进步，可以说起到了至关重要的作用。

我在美国上大学时，有一门英语写作的课程，课上有一个"同学互评"的环节。班上的同学知道我出过书，又有很扎实的语法基础，所以都不敢对我的文章加以评论。

于是有一次，我强烈要求所有同学向我提出批评建议，我也很开心地接受了。

重视别人的批评，学会从别人的否定意见中不断完善自己，我们才能变得强大起来。

自我管理小贴士

1. 你可千万别小看竹子，它成长中每一个阶段，都有着了不起的智慧，特别值得我们学习。

2. 打基础的阶段，实际上是最枯燥难熬的阶段。你需要对目标坚定不移，并且持之以恒去努力。不论过程有多么烦琐，有多么枯燥，只要坚持下来，结果一定会令你惊喜。

3. 谦虚一点，任何人都有值得你学习的地方。

4. 不要害怕别人的批评！折磨你的“噪声”，也许正是成就你的福音！

5. 我们要想成才，一定要能够经得住雕琢，甚至主动要求雕琢，才能让自己更加优秀。

第三单元

改善方法，更好地当成长的主人

第十章

成功有捷径：让优秀的人帮你上台阶

1. 勇于跟比自己优秀的人交朋友
2. “阅人无数，不如名师指路”
3. 会问蠢一时，不问蠢一世

1. 勇于跟比自己优秀的人交朋友

很多人都会问这样一个问题："成功有没有捷径啊？"我要告诉你，成功有些基本的要素是不能省略的，所以我在《管好自己就能飞》一书中，提出"聪明人更要下'笨'功夫"等理念。

但是，从某种角度讲，成功的确也是有捷径的。那就是在自身努力不松懈的情况下，让优秀的人帮你上台阶。

最近，有一篇文章在网上非常火爆：《阿里巴巴马云36年前旧照曝光：小眼神很犀利》。

该文引用了《华尔街日报》的报道：1980年，澳大利亚男孩David Morley和家人在杭州旅游，这时，他们遇到一名瘦弱的本地男孩向他们问好，男孩希望和他对话练习英语。

于是，Morley就和男孩成了笔友，还邀请他去澳大利亚游玩。后来，这个男孩成了中国著名企业家，他就是阿里巴巴的创始者马云。Morley开玩笑说，他可能在无意中启发了这个男孩。

其实，马云的做法，是一种很有价值的成功方法：与比自己优秀的人交朋友。

其实，在我们身边，有时就有很不错的标杆。

有的同学最烦老师和家长说某某人如何好，这种心情可以理解，因为过于强调别人的优秀，往往也容易压抑甚至伤害我们的自尊心。但是，当我们调整好心态，真的向这些人学习时，往往会发现你真的找到了一个好标杆。

我在《管好自己就能飞》一书中，曾经写过对我影响很大的湄湄姐姐，她比我早几年就去了美国做交流生，并且在考上美国名牌大学的同时，竟然还学会了开飞机！

湄湄姐姐的确十分优秀。不过我觉得，尽管她很优秀，但当初的我也不赖啊。当爸爸妈妈总向我说湄湄姐姐如何了不起时，我还有点不服气。直到有一次，我与湄湄姐姐进行近距离的交流，我才发现她的确太值得我学习了。于是，我开始向她学习。她的优点一直激励着我成长，后来，我也如愿到美国交流，被重点大学录取。

现在，我与湄湄姐姐一直还有联系。正当我即将毕业、走向社会时，我仍然可以从她那儿学到许多关于工作、创业方面的知识。且看她的一段经历：

湄湄姐姐大学毕业后，来到了美国最著名的银行之一花旗银行实习。湄湄姐姐觉得被动地工作太浪费时间，于是主动要求观摩一位高管的日常工作。

单位的负责人很爽快地就答应了她。不仅如此，负责人还让湄湄姐姐自己选择一位高管去观摩和学习。

湄湄姐姐选了一位看起来最年长的“白发老人”，紧紧跟着他观摩了一整天。这位老爷爷是位德高望重的高管，看起来沉默寡言，但在给湄湄姐姐解释工作时，却非常热情和细致，甚至还和湄湄姐姐愉快地聊起了家常。

于是，湄湄姐姐就这样多了一位老师。

当时，花旗银行给实习生们安排了三堂课，由于层次太高，实习生们听得一头雾水。而湄湄姐姐可不愿意放弃这样的学习机会，她立即主动向主讲老师请教。没想到，那位老师不仅十分热心地解答，还给湄湄姐姐留了自己的联系方式，说随时愿意为她解答问题。

湄湄姐姐也坚持写总结，只是她写的是周记。在实习一个星期后，她和我们分享了她的深刻感受：

“我猛然明白，以前我们总是不敢去接触这些高高在上的长辈，其实大多数长辈是非常愿意指导我们这些新人的。而来自他们的教育机会，年轻人往往因为心不在焉或是羞怯不敢接触而错过。

“现在的我，最需要的就是与这样拥有丰富经历的长辈交流，所以更应该以百分之百的努力，去请教这些很可能因为我们的胆怯而错过的长辈。”

看到湄湄姐姐分享的这些经历和感悟，我有两点很深的感触：

第一，当我们想要更好地成长和发展的时候，一定要想办法去找优秀的人，当我们的“引路人”和“点拨人”。

这种人，可能有权威也有身份，我们不敢去接近。但是，如果我们大胆向他们请教，就像湄湄姐姐鼓起勇气向那位老先生请教，就可能会发现，他们实际上很愿意给予我们热情的帮助。

第二，对于我们身边那些优秀的人，不管是同学还是朋友，我们都要学会珍惜，多去接近他们，不要对他们不服气。

只要我们愿意谦虚地向他们学习，你就会发现，你可以少走许多弯路，快速地在成长的道路上奔跑。

希望你对自己身边优秀的人不要漠视，更不要妒忌，而要主动接近他们，让他们成为帮助你奔跑的“贵人”。

2. “阅人无数，不如名师指路”

有这么一个观点说得好：

“读万卷书不如走万里路，走万里路不如阅人无数，阅人无数不如名师指路。”

的确，我们可以独自成长，但是，假如有一位导师为你做指导，那你成长的速度一定会更快。

孙云晓老师，是我国著名的教育家和青少年研究专家，他对于青少年成长方面的研究可以说是非常权威和专业的。他曾为我的《自觉可以练出来》一书作序。

我把孙云晓老师当作我的人生导师，因为孙云晓老师有许多精彩的故事以及深刻的人生哲理，都值得我好好去学习和修炼。

其中，令我印象尤其深刻的是他博客中这样一个故事：

当时，孙云晓老师只有 11 岁，那时正是“文革”闹得最凶的时候。而他的哥哥，虽然是一名“红卫兵”，但由于抗拒不了文字的诱惑，偷走了许多本来要烧掉的书，回家津津有味地看起来。

孙云晓老师也跟着哥哥一起看，几个月后，孙云晓老师把这些书都看完了，他深深地被这些文学作品所打动，并且养成了读书的习惯。从那时候开始，孙云晓老师内心里萌发了成为作家的梦想。

为了实现自己的梦想，孙云晓老师孜孜不倦地读书、写作，从 15 岁开始写日记，一直坚持了 40 多年，直到现在都几乎从未间断。16 岁时，他开始疯狂地创作，终于，在 19 岁时，发表了自己的第一篇作品。

现在，孙云晓老师已经出版了一百多本书，影响了许多青少年、家长和教育者。可以说，孙云晓老师不仅实现了梦想，还超越了自己的梦想。

2014 年，我有幸和孙云晓老师共进晚餐。饭桌上，我也与孙云晓老师聊到了梦想与坚持的话题。孙云晓老师强调，人一定要有梦想，而且一定要敢于付出常人做不到的坚持和努力，才能真正实现梦想。

我把孙云晓老师的话，牢牢记在了我的自我管理日记和我的脑海中，我也经常用孙云晓老师的故事来勉励自己。我想，这就是名师指路的力量。

因为爸爸的介绍，我还有幸向另一位名师学习过，他是孔子的第七十五代孙、中国孔子研究院的院长孔祥林老师。

孔祥林老师非常和蔼、慈祥，对中国传统文化有深入的研究，此外，他还是一个非常有国际化眼光的人——他经常研究美国、韩国、日本等国家是如何学习我们中国传统文化的。

比如，孔祥林老师说，从日本的高中课本里，学生会学到《孟子》的八分之一，以及《论语》的五分之一。

我没有想到，中国传统文化竟然在海外有这么大的影响力。这让我突然深深感觉到，我自己这一方面的学习严重不足，于是我也在孔祥林老师的指点下，开始进一步学习中国传统文化。

当然，接触这些名师，有的要靠缘分，有的要靠别人推荐。但是，大家也不要觉得这很难，因为你也完全可以靠自己去走近他们，并且赢得他们的指点与帮助。

关于这一点，我借助自己健身方面的一些经历，与大家分享与专业人士打交道时，需要注意的一些交流技巧：

第一，要真诚地尊敬他们，并由衷夸赞他们。

这些夸奖，不是讨好，更不是溜须拍马，而是发现他们实实在在的长处，如专业优势、与众不同的特点等等，然后进行夸赞。

比如有一次，我去健身房锻炼。我本打算自己练，但我突然看到健身房里身材最魁梧的教练今天没有带学生。于是我心中一动，想去找这位教练给我指点指点。

我走上前去，一见面就说：

“教练，我一直很梦想有你这样的身材！但是据我所知，全世界能练成你这样的人不多，你一定有什么独门秘籍吧？”

这位教练一听立即哈哈大笑，他说：

“你这样说我都不好意思了！其实我的训练方法谁都能学得会，算不上什么独门秘籍。”

我也笑着说：“那你介不介意把你的方法教给我啊？我要是也能练出你这样的身材，肯定也会像你一样，让很多人羡慕嫉妒恨。”

结果，这位教练很开心地答应了我，并且免费给我讲了儿堂让我无比受用的健身课。

根据社会心理学的原理，每个人都有希望别人尊敬、得到他人赞赏的需求。而优秀的人，往往在某些方面的确更值得尊重与夸奖。

我当时的确是由衷地欣赏这位教练的身材，所以很自然地夸赞他。他得到了这样的赞扬和肯定，当然也更愿意把他最宝贵的经验传授给我了。

第二，要学会主动与他们交流，多聊他们感兴趣的东西，以此来拉近距离。

在没有训练的时候，我也会时不时跟教练聊天，尤其是聊教练感兴趣的话题。慢慢地，教练不仅成了我的老师，也成了我的朋友。因此，他也越来越愿意帮助我了。

第三，要学会适当展示自己的长处，暗示对方自己有能力跟对方学好这方面的知识。

我的运动悟性还不错，所以我总能在短时间内就明白教练强调的重点，并且尝试几次就能找到正确的方式。

我时不时会跟教练说："我觉得我好像掌握诀窍了。"以此来暗示教练我的领悟之快。这样，教练会更加愿意教我。

第四，主动向对方挖掘自己最想要、最符合自己需求的信息。

我在和那位教练沟通的过程中，一开始，那位教练其实并不知道该从哪儿教起，而我总会提出一些比较有针对性的问题，比如哪些动作可以把背练挺拔、我一日三餐应该怎么搭配等等。

正是因为我的问题针对性强，我所收到的答复也都是具体的，也是最能解决我问题的。

当我们掌握了这些方法后，我们一定要敢于实践，敢于去接近名师，敢于从他们那儿挖掘能让自己受用的东西。有了名师指路，我们就能更好地走向成功。

3. 会问蠢一时，不问蠢一世

有一个词叫“学问”。学问学问，从某个角度讲，就有“学识是问出来的”的意思。

有的时候，很多人心中虽然有疑问，却不敢向懂的人提问，尤其不敢在众人面前提问，因为他们害怕这些问题太过简单，被人知道自己连这种问题都不会，会嘲笑自己。

其实，我们一定要明白一个道理：我们不懂一个东西，如果我们去问，那我们可能“蠢”一时；而如果我们不问，可能会“蠢”一世。

关于这一点，我就有很深刻的体会。

在美国一堂团队管理课上，老师讲到“HR”一词。这个词我很耳熟，可就是一下想不起是什么意思了。

我本想，不知道就不知道吧，问出来多丢人。可是，老师接下来讲的五句话里，四句都带有这个词，我如果弄不懂这个词的意思，这些话都无法理解。

我没经过大脑思考，立即举手问：“老师，什么是 HR？”

老师摆出一个无奈的表情，也有些同学笑出了声。看他们的表情，好像就是说：连“HR”都不知道，太老土了吧?

但老师还是告诉了我，说：“HR 就是 Human Resource（人力资源）的意思。”

我当时感觉自己的脸有点发烫，事实上，人力资源在美国十分重要，与大家的工作生活有很密切的关系。不懂得人力资源的简称 HR，我的确觉得有点丢人。

但我并不后悔这样的提问，因为虽然问这个问题显得我很无知，但却避免了我整堂课都因为一个词而听不懂，从而造成更大的无知。

从这件事里，我得出一个心得：关键时候，该问的问题不能不问，因为“闷骚”会让你吃“哑巴亏”，会让你一辈子在这方面无知。

敢于提问，有时可能还会给你带来惊喜。比如有些问题，你想破脑袋或许还顶不上问专业人士一句。

上个学期，我报了一门地球科学的课程，讲的都是石油方面的内容。内容比较复杂，不容易理解，尤其是涉及开采、经济方面的问题，可以说我完全是一头雾水。

有一天，我正为石油课上的几道难题犯愁，我突然看到一个令我喜出望外的身影——他是来自迪拜的阿卜杜，家里就是做石油生意的。我想，说不定他对这方面很了解，能给我一些提示呢！

于是，我立即叫住他，希望他为我解答一些石油方面的问题。他很热心，立即坐下来，翻看我的作业和课本。

没过多久，他就一拍手，对我说："这些东西太简单了，我小学的时候基本就学会了，让我告诉你吧！"

他用特别形象、生动的语言，配合他亲身经历的故事，把书本上极其枯燥难懂的原理解释了一遍。我听完以后恍然大悟。

原来，让我抓耳挠腮都想不出来的问题，问问行家，就能在这么短的时间内找到答案啊！

所以，朋友们，如果你们也有类似的情况，一定不要不敢去提问。敢于提问，哪怕一时丢脸也不要紧，因为提问后的收获，可能会超出我们的期望。

我记得有位名人曾说过这样一句话，让我印象深刻：

"The wisest way to succeed is to let the successful help you become successful."（最明智的成功方式，是让成功者帮助你变得成功。）

这话说得一点没错。从成功者身上挖掘出他们最精华的成功心得，并且加以学习和修炼，我们就可以踏上成功的捷径。

自我管理小贴士

1. 从某种角度讲，成功也是有捷径的：那就是在自身努力的前提下，让优秀的人帮你上台阶。

2. 不要漠视身边优秀的人，更不要妒忌，而要主动接近他们，让他们成为帮助你奔跑的“贵人”。

3. 读万卷书不如走万里路，走万里路不如阅人无数，阅人无数不如名师指路。

4. 接触名师，有的要靠缘分，有的要靠别人推荐。但是，大家也不要觉得这很难，因为你也完全可以靠自己去走近他们，并且赢得他们的指点与帮助。

5. 有一个词叫“学问”。从某个角度讲，就有“学识是问出来的”的意思。

6. 敢于提问，有时可能还会给你带来意外惊喜和收获。

第十一章

管好情绪的四大方法

1. 培养“知错即止”的觉知力
2. 要管好事情，先管好心情
3. 培养“结果思维”
4. 控制冲动情绪的“信号灯”方法

1. 培养“知错即止”的觉知力

前不久，我收到这样一封读者来信：

牧天哥哥，我们寝室几个同学，常常因为一些小事吵架。前几天，有两个同学还打起来了，甚至还受了伤。

我是寝室长，经常帮忙调解矛盾。其实我觉得他们根本没必要吵架，都是些小事情。他们冷静后，也都会各自承认自己做得不对，可在火气上来的那一瞬间却怎么也控制不住。

请问，我们应该怎么管理好自己的情绪呢？

其实这位读者讲了一个青少年普遍存在，也很值得关注的问题。管理好情绪，的确是我们每个人的必修课。

关于控制情绪，有这么一句话说得很好：“一念做主是天堂。”那么相对地，我们也要警惕，一时冲动是地狱。只有我们能够对自己的每一个念头做主，能够在关键时刻管住自己，我们才能当自己的上帝。

说到这儿，我想起了一个脾气特别暴躁的小朋友。

他是我一个朋友的弟弟，名叫壮壮。壮壮各方面都很好，唯独脾气特别暴躁。他一直想改，只是苦于找不到方法。

有一次，朋友请我去他家做客，说希望我能教教壮壮怎么控制好情绪。我把我自己一直在用，而且特别有效的方法教给了他：

其实控制好情绪的关键在于，在要发脾气的瞬间叫住自己，并且转移注意力，让脾气自然消退。那么我们应该怎么转移注意力呢？你在发现要对一个人发脾气的时候，立即停止想你为什么发脾气，而要转念去想他身上有什么东西是自己最喜欢的。

比如壮壮最喜欢哥哥带他打篮球、最喜欢爸爸带他吃夜宵、最喜欢妈妈做的菜……我就告诉他在想发脾气的时候，赶紧想想这些他喜欢的东西。

壮壮听完，眼神突然一下就亮了，立即开心地说：

"谢谢牧天哥哥！以后我一定用这样的方式管好情绪！"

结果没过一会工夫，这一招就派上了用场。

饭桌上，壮壮因为妈妈给自己夹的那块肉比给哥哥的小而大发雷霆，不仅把肉扔在地上，破口大骂，还差点儿把碗砸了。

我立即拍拍他的肩膀，说：

"壮壮，我刚刚是不是教了你一个管好情绪的方法啊？"

壮壮思考了几秒钟，然后立即说：

“妈妈，对不起，你做的菜这么好吃，我不该对你发脾气，更不应该把你做的菜扔在地上！”

他的妈妈竟然一下子开心地笑了出来，还说：“壮壮，没关系！妈妈从没见你生气转变得这么快过！妈妈很为你高兴！”

壮壮笑着点了点头，然后把他弄脏的地板收拾得干干净净。

从那天起，壮壮把自己的脾气控制得很好，现在和从前已经判若两人了。

其实，我教给壮壮的方法，用四个字总结，就是“知错即止”，意思是在知道一件事情或是一个念头不对时，就立即停止，并且远离它。

这个方法我认为对每个人都管用，而我们每个人，都应该立即开始使用它。

因为如果我们不能培养“知错即止”的好习惯，我们就容易在冲动时做出让自己后悔，甚至伤害别人的事情。

关于这一点，我有一件后悔了很久的事情。

在我的表弟（我红姨的儿子）上初中前，我红姨带着他一直住在我家。红姨工作很努力，希望能早日买一套房，跟表弟拥有一个自己的家。表弟从上幼儿园开始就跟我一起长大，能跟他住在一起，我心里自然是一万个愿意。

然而，有一次，我在放学路上跟表弟吵了架。情急之下，我竟然大声对表弟说：“你别忘了你现在住在谁家，惹我不开心了，看你以后怎么办！”

表弟一下子不说话了，站在那儿一动不动，眼泪一下就掉了下来。而我则转身跑去，丢下表弟，独自回到了家。刚到家时，我心里还有点庆幸自己吵赢了。

然而过了好久，我都没有看到表弟回来，我的心里突然开始不安起来，一阵愧疚涌上心头。

我坐立不安，立即去找妈妈和红姨，告诉了她们今天所发生的事。当时我们还很小，我很担心表弟一个人在外面会出事，于是赶紧要红姨和妈妈去找。

红姨听到我对表弟说的话，也有些伤心。我知道我是真的说错话了。当时红姨的经济条件还不足以买房，所以才暂住在我家。而我说出这种话，一定很刺痛他们吧。

妈妈听到后，也立即责备了我，但她们看我是真心认错，也没有跟我计较，而是赶紧一起出去找表弟。

找到表弟时，表弟一个人坐在超市外的餐桌边哭得很伤心，而我真的觉得特别对不起他。我赶紧跑上去跟他道歉，要他跟我们一起回家。表弟也很宽容，见到我们，立即擦擦眼泪跟我们回家了。

这件事令我印象非常深刻，因为我第一次这么深刻地体会到，冲动之下不顾别人的感受，会给别人带来多大的伤害。虽然红姨和表弟对我都很宽容，但我的行为多少还是给他们带来了伤害。为此，我一直特别自责。

因此，不论什么时候，我们一定要“时时刻刻注意自己当下的念头”。“不怕念起，唯恐觉迟。”有了不好的念头和冲动并不可怕，只要我们及时提醒自己，“知错即止”，我们就能管好情绪，在减少对他人的伤害的同时，提升自己。

2. 要管好事情，先管好心情

“要管好事情，先管好心情”，这是我爸爸在培养我自我管理的能力时，常常对我讲的一个观点。

在我们做任何事，尤其是要紧事的时候，不良情绪往往是对我们影响最大的因素之一。因为不良情绪会使我们冲动，使我们无法冷静、理智地处理事情。因此，要管好事情，我们就一定要将心情管理好。

我先借一个故事，给大家讲讲管不好心情的后果有多么可怕。

我认识这么一对美国夫妇，妻子性格非常温和，而丈夫脾气十分暴躁。有一次，夫妻二人开车回家的路上，丈夫的上司打电话训斥了他一通。丈夫心里十分窝火，一边开车一边骂上司。妻子在一旁虽然不断安慰和劝阻，要他不要生气、开车注意安全，但他不但不听，反而越骂越凶，车子也不知不觉越开越快。

当他们快到家时，丈夫见周围没有其他人，心中的怒火无处发泄，于是猛踩了一脚油门。然而，谁也没有想到，他们家的爱犬看到主人的车回来了，像往常一样开心地跑向他们去迎接。然而车速实在太快，丈夫来不及反应，爱犬已经死在了轮胎下面。

事后，这对夫妇抱着爱犬失声痛哭，丈夫对妻子说：

“对不起，如果我当时听了你的话，把情绪控制好，可能我就不会忘记狗狗每天都会从院子里跑出来迎接我们这件事，我也不会踩那一脚油门，更不会害死我们的狗狗。”

由此可见，如果一个人控制不好情绪，很有可能就会酿成无法挽回的过错。所以，不论何时，不论何地，我们一定要时时刻刻注意自己的情绪，一旦有负面情绪，我们一定要及时调整，这样才能处理好事情。

关于这一点，我也有切身体会。

前不久的一场期末考试，可以说是让我身心俱疲——不仅前一晚严重失眠、着凉，还有许多生活上的琐事令我烦恼。

而试卷发下来的时候，我的不良情绪再一次加重了——试卷的第一题其实很简单，可老师偏偏要把数字弄得特别复杂。我写了一整页草稿纸才算出答案，心里可以说又烦又恼火，甚至还在心里骂老师。

虽然我情绪很不好，照理说会影响考试发挥，但这场考试我却考得还不错，这是为什么呢?

正是因为我知道如果管不好心情，我一定会考砸，所以我不断提醒自己:“考试最重要！不要烦！不要烦……”当我努力调整好情绪后，做题效率自然就提高了不少。

而管好心情这样的好习惯，在我遭遇绑架时，也起到了至关重要的作用。正是因为我先和内心的负面情绪做了斗争，我才能冷静地想到办法安全脱身（详见《管好自己就能飞》)。

我们每个人都应该控制好自己的不良情绪，这样我们才能更加客观、更加冷静、更加有效地做事。

3. 培养“结果思维”

“结果思维”说的是在做事前思考这样做会带来什么样的后果，以此来判断自己应不应该这么做。而在我的经历中，我觉得最有“结果思维”的，是一个小男孩。

有一次，在去西雅图的飞机上，我看到有一个小男孩一直在哭闹。而他的妈妈告诉他，如果他继续哭闹，会影响飞机上其他人休息。

小男孩听完立即就不哭了，还很可爱地说：

“那等到了西雅图，我一个人的时候再哭。”

我觉得我们都应该向这个小男孩学习，懂得独自处理不良情绪，不让这些情绪影响别人。

我曾见过这么两个人，他们在“结果思维”方面，形成了鲜明的对比。

我在美国高三交流时，有一次在体育课的更衣室里，一对好朋友杰森和佐伊竟然吵了起来。我们都没有想到的是，杰森竟然挥起拳头开始疯狂地击打佐伊。佐伊是柔道高手，当我们都觉得佐伊肯定会进行强有力的反击时，佐伊只是举着手防御，丝毫没有进攻的意图。

杰森见打不着佐伊，竟然拿起一张椅子，朝佐伊砸去。还好佐伊反应很快，侧身躲过了这重重的一击。

体育老师及时出现，将两个人送往校长办公室。

在去校长办公室的路上，杰森主动向佐伊道歉说：“对不起，是我太冲动了，我真的不敢相信刚刚我竟然那么不理智，差点儿伤到你，请你原谅我！”

佐伊笑着说：“我知道你只是突然一下太情绪化了，我不怪你，但以后你一定要学会控制自己的情绪才行啊。”

当我们问起佐伊为什么当时不还手时，佐伊说，因为他知道自己在气头上一定很难控制自己的力道，而他又经过了多年的柔道训练，万一不小心伤到了自己的朋友，自己一定会后悔很久。而杰森也表示十分羞愧未能控制好自己的情绪。

杰森开始的行为，就是没有“结果思维”的典型例子。他只顾着自己生气，却丝毫没有想到自己的行为可能会伤到自己的朋友，最后也差点儿做出让自己追悔莫及的事情。

而佐伊，就很值得我们学习。一方面，他很清楚自己出手的结果很可能会伤人，所以选择了被动防御；另一方面，他在自己有把握的范围内，保护好了自己。

或许我们每个人都会遇到类似的情况，那么我们在遇到这种情况时，就一定要学会用“结果思维”去思考问题，控制住自己的不良情绪。

4. 控制冲动情绪的“信号灯”方法

在戈尔曼所著的《情商》一书中，有一章“情绪教育”，其中有一个很不错的情绪控制妙招，叫控制冲动情绪的“信号灯”方法——

红灯：停止，保持平静，三思而后行。

黄灯：理清问题和自己的感受。

设定一个积极的目标。

想出很多的解决办法。

预见后果。

绿灯：继续，尝试最佳解决方案。

我觉得这个“信号灯”的方法描述得非常形象——我们在遇到不良情绪时，就要立即给自己亮起红灯，然后进入黄灯的思考阶段，分析问题，想出最佳的解决方案。当自己觉得不良情绪和最佳解决方法已经整理完毕后，再亮起绿灯，尝试解决问题。

一次，在去往美国的航班上，我从一位很有绅士风度的先生身上，看到了“信号灯”方法教科书般的演示。

当时已经很晚了，机舱里大部分人都已经陷入了沉睡，而我却一直睡不着，因为我前排一对小夫妻说话声音实在太吵了。

我十分气愤，很想站起来指责他们一顿，又觉得这样不妥；我想请他们声音小一些，但又因为害怕不礼貌而不知道如何开口。

正在我犯愁的时候，一位穿着西装、风度翩翩的先生从座位上站起来，走向那对小夫妻。他身子微微前倾，微笑着说道：

“晚上好！很抱歉打扰你们的谈话，但是现在的确很晚了，我见到我身边的那位女士很疲惫，似乎想要睡一会儿，可是一直睡不着。如果你们能控制一下讲话的声音，我们一定会感激你们的。”

这对小夫妻听了他的话，也微笑着回答：

“不好意思，我们会注意的，祝你们晚安。”

那位先生说完谢谢后，转身回到了座位。

那一瞬间，我被这位先生的气度深深地感染了。我想，他之所以能这么有风度，一定是因为他把这种“信号灯”的方法用得特别到位。

在当时的环境下，我估计这位绅士内心也多少有些生气，但他一定是先亮起红灯，控制住自己与人吵架的冲动，接着亮起黄灯开始思考解决办法。

首先，他理清了问题——对方讲话声音太大，吵得其他乘客睡不着；而自己的想法，是希望对方可以停止说话，或者声音小一些。

接着，他设定了一个积极的目标，那就是在让对方答应控制音量后，还能够不伤对方的面子。我相信，为此他一定也想了不少解决方案以及对应的结果，最终，他才选择了一种大多数人都不会拒绝的方式：

这个世界上，很少有人会拒绝一位礼貌的绅士为了一位女士而提出的合理请求。而且，本来是这对小夫妻理亏，这位绅士却说，如果这对小夫妻声音可以小一些，他们会心存感激，这让别人更加难以拒绝，同时也不会觉得太过于丢脸。另外，这位绅士还不忘为自己打断别人谈话先道歉，这会让人觉得非常有教养。更何况，他还用平和的语气说明了现在时间太晚，大多数人需要休息这么一个合理的情况，让人更容易接受。

正是因为这位绅士能够思考得这么全面、这么到位，他才能把问题解决得这么完美。

我们每个人不妨都试试，在出现冲动情绪时，给自己亮起三盏“信号灯”，试着用最强大的情绪控制能力、最全面的思考能力，以及最到位的执行能力，把身边的一个个问题解决得更好。

自我管理小贴士

1. 管理好情绪，的确是我们每个人的必修课。其关键在于，在要发脾气的瞬间叫住自己，并且转移注意力，让脾气自然消退。

2. 培养“知错即止”的好习惯。在知道一件事情或是一个念头不对时，就立即停止，并且远离它。

3. 要管好事情，先管好心情。我们每个人都应该控制好自己的不良情绪，这样我们才能更加客观、更加冷静、更加有效地做事。

4. 培养“结果思维”，在做事前思考这样做会带来什么样的后果，以此来判断自己应不应该这么做。

5. 善用控制冲动情绪的“信号灯”方法：我们在遇到不良情绪时，就要立即给自己亮起红灯，然后进入黄灯的思考阶段，分析问题，想出最佳的解决方案。当自己觉得不良情绪和最佳解决方法已经整理完毕后，再亮起绿灯，尝试解决问题。

第十二章

管好时间的五大绝招

1. 要事优先法
2. 4D 时间管理法
3. 通过协调来提高使用时间的效率
4. 把零碎的时间用出水平
5. 死神契约时间管理法

1. 要事优先法

“人的自信来自对事物的掌控能力，如果一个人连最基本的时间都掌控不好，那么这个人难有作为。”

这是苹果公司的创始人乔布斯的名言，它告诉我们时间管理对每个人来说多么重要。

那么，我们应该怎么管理好时间呢？

根据我这些年来的摸索和总结，我发现有五大绝招很管用。

其中第一条，就是“要事优先”：重要的事情，一定安排在前面做。

我的小堂妹思聪，现在刚刚 7 岁，才上小学，就是一个“要事优先”做得非常到位的孩子。虽然她也像其他孩子一样特别爱玩，但她每天回到家第一件事就是做作业。如果小伙伴们在她做作业时来找她玩，她甚至会用两只小手把他们都推出门外，然后说：“等我做完作业再出来跟你们玩。”

小小年纪就懂得要先做作业再去玩耍，这是非常难得的。比起那些先去玩耍的孩子，思聪不仅在时间管理方面先人一步，而且在玩的时候，她也是玩得最尽兴的——因为她不用担心作业会做不完。

我们每个人也是一样，在安排时间时，一定要尽量把重要的事情、难做的事情放在前面做好。

我曾经在这方面做得就不是很好。晚上学习的时候，我总喜欢先做容易的、不太重要的事情，因为感觉做起来轻松。接下来，我就要开始看书和做题，做这些比较复杂而困难的事了。然而，时间越晚，我的精神状态也就越差，体力也消耗得越来越多。所以，越是后面的事情，我就越觉得吃力，我往往每天都需要花上很多时间和精力才能把任务都完成。

直到有一天，我把自己安排任务的方式调整了一下，却发生了很大的改观。我选择在精神状态最好的时候，先把最难的看书和做题搞定，此时没有那么疲惫，而且相对于之前的做法来说，处理复杂任务也只花掉了较少的时间。接下来，我轻轻松松地完成了容易的任务，并惊喜地发现，我的学习效率提高了不少。

“要事优先”的方式，让我体会到了两大好处：一是自身的负荷会比较小，二是效率会高很多。因此，整个学习过程所花的时间，也相对少了很多。

2. 4D 时间管理法

我的老师曾与我分享过一个“4D 时间管理法”。所谓 4D，就是 4 个 D 开头的英文单词：

第一，Do（做）。该做的事情，一定要立即做，永远不要拖延。另外，2 分钟以内能够做好的事情，想到了就去做，千万不要安排到以后。比如收到一条重要的信息，如果 2 分钟内可以回复，就立即回复。这是因为，很可能过了一会儿，你就会把这件事忘掉。

第二，Delete（删除）。对自己的正事影响太大的事情，一定要学会删除，可做可不做的事，有时不做也无妨。

第三，Defer（延迟）。对于某些不是太紧急的事，一定要学会推迟，把优先的时间让给更加重要和紧急的事情。

第四，Delegate（委托）。有时候，很多事情不一定要自己去完成，能委托给别人的事情，可以适当交给别人去做。

我觉得，这个 4D 法则中的每一条都非常有用，值得大家学习和借鉴。我在这儿着重分享第一条和第二条。

第一条，Do（做），就是不拖延。

有一段时间，网上很流行一个词，叫“拖延症”。拖延症不仅会使我们工作散漫，更会浪费许多宝贵的时间。

我看过一篇很好的文章，介绍了一个克服拖延症的好方法——极速起床法。其实赖床是“拖延症患者”的典型表现。如果你可以战胜赖床，那么其他很多方面的拖延问题，你都可以用类似的方法去克服。

要想克服赖床问题，克服拖延症，最核心也是最重要的一点，就是你一定要有决心、有毅力，敢与“不舒服”做斗争。

为此，你可以找一件有足够刺激性的东西，比如特浓薄荷糖、特辣的辣酱、新鲜柠檬，再比如清凉滴眼液，甚至是一盆冷水……每天早上，只要闹钟一响，就逼着自己利用这些刺激性物品来瞬间清醒，不给自己睡懒觉的机会。

经过一段时间的锻炼，你会发现，不仅会改掉睡懒觉的习惯，而且你还会锻炼出一种能战胜所有拖延症的意志力。我们一定要明白，拖延症是必须要战胜的，因为在飞速流转的时间里，我们真的没有光阴可以浪费。

第二条，Delete（删除），学会删除。

有句话说得好：“取其精华，去其糟粕。”这其实说的是向他人学习的态度，但我认为，这也讲出了我们时间管理最需要注意的地方。

这一方面，我其实很有心得。有一天晚上，我有一篇很重要的论文要提交，这个工作量就极大，而我一想到还有很多其他任务要完成，不禁着急起来。

这时，我提醒自己，应该及时把影响论文进度的，或者是不必要的任务赶紧删除，这样自己才能有充足的时间写论文。

于是我把我当晚本来计划做的所有事情列在了纸上，接着开始一项项检查，看是否应该删除。最终，当我把能删掉的都删掉后，我发现，完成剩下的任务，一晚上时间肯定绰绰有余。

本来手忙脚乱的我，正因为适当删除了某些事情，才能从容不迫地把最重要的任务完成好。

我们每个人的时间和精力都是有限的，所以应该将有限的时间集中在重要的事情上。这时，学会删除就显得尤为重要。

3. 通过协调来提高使用时间的效率

在和不少优秀的时间管理者学习、交流的过程中，我发现他们许多人竟然从不抱怨自己的时间不够。他们都说，时间是自己安排出来的。而我听到他们说得最多的一句话就是：

“要管理好每天的时间节奏。”

那么我们要怎样管好时间的节奏呢？

我们可以在以下三个方面下功夫：

第一，统计时间。

我在微信上订阅的公众号《北美留学生日报》，有一次发了一篇关于时间管理的文章，其中就提到了统计时间的重要性。

我们不妨试着记录自己 24 小时都做了些什么，坚持记录一周（168 小时），你就会发现自己的生活模式。比如，晚上是不是睡太久了？早晨是不是花了太多时间玩手机？午休是不是没休息好，所以下午精神涣散、效率不高？……

这些都是非常值得我们去关注和分析的问题，如果我们想要有效地管理好时间，就必须了解我们把时间用到哪里去了。

第二，协调时间。

我有一个学霸朋友扎克，成绩特别优异，相信不付出大量时间，他的成绩肯定到不了这个水平。但是，他同时也是一个摇滚乐队的队长，弹得一手好吉他，歌唱得也很不错。

然而，作为摇滚乐队的队长，也是需要花很多时间排练的。我很纳闷，他是怎么做到乐队学习两不误的。

扎克告诉我，他不论去哪儿都会背着吉他和写歌的本子。

只要一有时间，他就会拿出吉他练习和创作，甚至有时在看书时，他也会同时练习一些不需要大脑思考的按弦之类的基本功。这样，他很好地协调着自己的时间，在学习之余有更多的空余时间去参加乐队的活动。

第三，在最有效的时间做最重要的事情。

我曾经有一次奇妙的体验。

有一段时间，我习惯在晚饭前背单词。而我惊喜地发现，我在这段时间背单词的效率特别高，而且背会的单词不容易忘记。

关于这个现象，我在一篇心理学的论文中，找到了这样的答案：

晚饭前的这段时间，对于一些人来说，是他们的“高效时段”。这段时间，他们很容易把对食物的渴望转变为对他们正在做的事情的渴望，因此这段时间内，他们不论做任何事情，效率都会相对较高。

而我也相信，晚饭前这段时间正是我的高效时段，所以我也经常会把一些比较重要的事情安排在这段时间内去做。

当然，这只是我自己摸索出来的高效时段。为了更有效地了解和利用高效时段，我们还需要有更有效的方法。

我们来看看《解决问题最简单的方法》一书中一个简单且有用的时间管理法：

拿出一个笔记本，给自己每一天的每个时段打分，最低1

分（不能集中注意力），最高 7 分（此时可以完全投入）。每天坚持用一页纸去记录，至少坚持一星期。

这样一来，你就可以一目了然地看到，自己的高效时段在哪里。

这个方法值得每个人去尝试。找到高效时段，我们就能更加科学、合理地分配自己的时间，可以把最需要精力的事情安排在最高效的时段，而一些比较轻松的活动，就放在低效时段去做。

4. 把零碎的时间用出水平

有一次，我与一位高中好友聊天时，聊到了同学们高三时的学习情况。我的朋友提出了一个很普遍的现象：

班上所有后来考上重点大学的同学，无一例外都有一个共同的特点——他们善于利用零碎时间。在课间、集体跑操集合时、升旗仪式开始前、晚上宿舍熄灯前，甚至是上厕所的时候，他们都会花时间来看书、做题。正是因为他们能在这些零碎时间上下功夫，每天利用零碎时间积少成多，就成了他们比别人更加优秀的重要原因。

我觉得他说得很对，利用零碎时间，是每一个希望高效学习和工作的人都必须学会的。

我们不妨从“交通时间利用法”开始做起。因为我们平时最容易浪费的时间之一，往往是交通时间。我们坐在出租车、巴士、火车、飞机上的时间，往往会被很多人忽略，什么也不干。

其实，这些时间很适合我们利用起来。条件允许的情况下，我们完全可以用来看书读报；而条件不允许的时候，我们也可以思考许多问题，比如工作上的难题、学习上的困难、如何与一会儿见面的人交谈等等。

研究表明，如果能利用交通时间去阅读一些重要资料、思考一些重要问题，一个人的做事效率可以至少提高 30%。

当然，我们也要注意，一定要在安全的前提下利用交通时间，同时也不要因为思考问题太过入神而坐过了站。

我也曾利用交通时间在短时间内解决了一个棘手问题。

有一天下午，我要去学校做一个实验，而我当天实在太忙了，完全没有时间做必要的实验预习和准备工作。我本想尽快做完其他事情，在出发去学校前临时抱佛脚预习一下实验步骤，但直到我出发前的 3 分钟，我才把其他事情做完。

我心想，没有做预习，这次实验肯定完蛋了。但我灵机一动：从公寓到学校停车场，路上不是还有十几分钟吗？这十几分钟如果可以利用起来，不就多少可以弥补一些吗？

我立即在网上找了一个与这次实验内容一样的视频，在车上观看。通过 10 分钟的视频解说，我也多少挽回了一些没有预习带来的损失。

其实，我之前太过忙碌，没有时间预习实验，这说明我当时的时间管理存在问题。如果我之前就懂得把零碎时间利用好，我就一定不会感觉时间不够用。

为了避免遇到像我当时那种时间不够用的情况，我们每个人都应该学会利用好零碎时间，提高我们的效率。

5. 死神契约时间管理法

我很喜欢曾经看到过的“死神契约时间管理法”，它的核心是这样的：

假想自己和死神订了契约，契约的内容是，每一天都必须给自己制订时间计划，比如几点必须起床、几点必须完成作业、几点必须上床睡觉等；如果自己没有完成，死神就可以夺走自己的生命。

听起来有些荒唐，但事实上这是一种非常有效的自我管理法，因为它能够帮助我们树立一种“没有退路”的管好时间的决心。

什么叫没有退路呢？我们来看看新东方创始人俞敏洪讲过的一个故事：

“二战”时期，美国要派一批士兵潜伏到德国去，要求他们必须在几个月内学会德语。他们都被告知，他们在被送到德国以后，都会是孤身一人，所以万一他们的德语没学到位，露了馅，是会有生命危险的。

由于有了这样“没有退路”的压力，不少原来毫无德语基础的美国士兵，都在最短的时间内熟练地掌握了德语。

由此可见，不给自己留退路，能让自己爆发出多大的威力！

时间管理也是一样，如果你不管好时间、不按时完成任务，你就会失去生命的话，那你还会浪费时间吗？我相信用这种时间管理法，我们很多人都能爆发出我们意想不到的力量。

自我管理小贴士

1. 人的自信来自对事物的掌控能力，如果一个人连最基本的时间都掌控不好，那么这个人难有作为。

2. 要事优先：重要的事情，一定安排在前面做。

3. “4D 时间管理法”：Do(做)，Delete（删除），Defer（延迟），Delegate（委托）。

4. 要想克服赖床问题，克服拖延症，最核心也是最重要的一点，就是你一定要有决心、有毅力，敢与“不舒服”做斗争。

5. 要管理好每天的时间节奏。找到高效时段，我们就能更加科学、合理地分配自己的时间。

6. 利用零碎时间，是每一个希望高效学习和工作的人都必须学会的。我们不妨从“交通时间利用法”开始做起。

7. 死神契约时间管理法，听起来有些荒唐，但事实上这是一种非常有效的自我管理法，因为它能够帮助我们树立一种“没有退路”的管好时间的决心。

第十三章

战胜分心的四大绝招

1. “制心一处，无事不办”
2. 用好自我管理最重要的三句话
3. 删掉与目标无关的东西
4. 卓有成效的“自我惩罚法”

1.“制心一处，无事不办”

先与大家分享一个我的朋友小龙的故事吧。

小龙在上高三时迷上了网络小说，看起来就一发不可收拾。他经常晚上看小说看到凌晨四五点，而6点多就要起床去上学。白天上课时，他完全没有精神听课，只能在教室睡觉。

他的成绩本来一直拔尖，老师们都觉得他一定会考上重点大学。但由于严重分心，他最终连“二本”都没考上。

这样重重摔了一跤，他才突然清醒过来。他也很有志气，不去上一般的大学而下决心复读。在复读的那一年里，他把“聚精会神”当作对自己最重要的要求，其中一个小细节就很能说明问题：他把以往看小说用的智能手机换成了只有基本通信功能的手机。

他就这样，尽量排除一切干扰，专心致志地学习了一整年。最终，他以优异的成绩考入了清华大学。

暑假我们相聚，在回首这段经历时，他很感慨地说：

“对学生而言，没有什么比分心更能影响成绩，也没有什么比专心致志学习更重要。”

的确如此，在写作此书的过程中，我向不少老师、学生及家长进行调查，到底是什么最能影响青少年的学习，大家几乎都提到同一个词——分心。

分心，是现在青少年成长中较为普遍的问题，也是我在微博中收到最多求助询问该如何战胜的毛病。

那么，我们该如何战胜分心呢？

我们不妨学习一下佛陀在《遗教经》中讲过的一句名言：“制心一处，无事不办。”

这句话的意思是：我们只有将心灵的力量聚焦在同一个地方，就能产生巨大的作用，甚至没有什么事情是办不成的。

正如我们学物理时看到的现象：阳光直接照在纸张上，未必能把一张纸点燃。但是，如果用放大镜把阳光聚集起来，照在纸张上，这张纸就容易被点燃了。

一个人在分心的状况下，通常做不好任何事情。相反，要是我们也能把精力和心思集中在一个点上，就会产生巨大的效率和力量。

著名学者钱文忠曾在中央电视台《百家讲坛》节目上讲解《弟子规》，在分析“方读此，勿慕彼，此未终，彼勿起”这句话时，他的观点十分值得我们重视：

“读书的时候，一定要持之以恒。在读一本书时，一定要一心一意把它读完，不要刚读了个开头，就去读另一本书。

做作业也是一样，不要刚做了几道数学题，就跑去做语文作业，做着做着不想做了，又开始做英语作业。这样读书、学习会很没效率，到头来哪门功课都没有完成好。”

在学习时，连看另一本书都可能会影响学习效率，更何况是一些本来对我们学习就有不良影响的其他诱惑呢？

其实，不只是读书，做其他事情，我们也要避免分心，要尽可能做到专注。

有段时间，一个朋友经常跟我去健身房锻炼。他有点胖，说希望通过健身把身上的肥肉减掉。

然而，减肥可不是这么容易的事情。教练要求他，每天专心连续慢跑 30—60 分钟。而我这个朋友呢，跑步是跑，可他总是跑几步就把跑步机停下，玩玩手机，或者喝两口饮料。甚至还有一次，他跑了一会儿竟然说肚子饿，然后下楼买了个汉堡包吃。

减肥除了要运动，也得控制饮食。但他从来都经受不住诱惑，只要有好吃的，他就会完全忘了减肥这回事，先吃了再说。

所以，结果可想而知，虽然他已经定好了减肥的目标，可因为他太容易分心，这位小伙伴最终还是减肥失败了，而且还越长越胖。

专心不专心，有着天壤之别。请记住这样一句话：

“多数人失败的原因不是能力不足，而是用心不够专一。”

2. 用好自我管理最重要的三句话

我在《管好自己就能飞》一书中，记录了一个极为有效的自我管理方法，那是从我美国物理老师那儿学来的“自我管理最重要的三句话”：

第一，我的目标是什么？

第二，我现在在做什么？

第三，我现在做的事情对我的目标有没有帮助？

这三句话，在我容易分心的时候，对我集中精力学习和工作起到了十分重要的作用。

在一些看似无关紧要的时候，我也会时刻提醒自己：“现在这里是否有值得建立的新目标？目标是什么？如何找到并且不偏离目标？”

我在美国高三交流时，在一次历史课上，老师站上讲台竟然宣布：“今天不上课，我给大家放一部电影，让你们放松放松！当然这个电影不是随便放的，它能帮助你们更好地体会经济大萧条时期人们的生活。”

说完，全班同学就开始欢呼。而电影一开始，大家果然全都开始放松，有的玩手机，有的聊天，有的睡觉，基本没人在看这部老电影。

我反倒觉得，老师既然愿意花一整节课约一个半小时的时间，来让大家看一部电影，那么这部电影一定是比较重要的。而我，也给自己设下了好好体会和记录大萧条时期人民生活的目标，在“自我管理最重要的三句话”的引导下，我从头到尾一直认真地观看。

果然，电影一结束，老师把灯打开，然后拿出一沓资料，发给大家说：

“好！电影看完了，接下来要布置家庭作业了——你们回去回答这四十个跟电影有关的问题。”

这时，班上许多同学都傻眼了，因为他们没有用心看电影。

而我却乐了，因为我给自己设定了目标，不仅看得很认真，而且还有不少思考。我自然成了作业做得最好的学生。

从这件事中，我有一个收获，就是不要轻视任何看似不重要的事情。很多时候，正是因为你的轻视，让你失去不少东西。而如果你主动去设立一些目标，很多事情会变得更加有意义。

正是因为自我管理的三句话太重要了，所以在出版《管好自己就能飞》的时候，我特别把这三句话放到了随书附赠的书签上。

不少学生，甚至老师，都对这三句话十分重视，并且自觉地去实践这三句话。关于这一点，我和大家分享一位读者的来信：

牧天哥哥，我是你的忠实读者。我本来是一个做事特别散漫、特别容易分心的人。但一次偶然的契机，我看到了你《管好自己就能飞》一书中的那三句话："我的目标是什么？我现在在做什么？我现在做的事情对我的目标有没有帮助？"我发现，自从我开始用这三句话监督自己，就很受鼓舞与激励，做任何事都能渐渐专心起来了。

我高二的时候，排名是年级中等水平，可前两天我刚考完第三次高考模拟考试，我竟然进了年级前列！牧天哥哥，谢谢你的书！

由此可见，我们是否专心，对学习成绩有很大的影响；而使用自我管理的三句话，则能帮助我们更好地做到专心，并且收获最大的成长。

3. 删掉与目标无关的东西

“分心”的对立面就是“专心”。什么是专心？下面这个故事，也许可以给我们很好的启示。

有一位总经理，要从三个优秀的年轻人中，选拔出一位做助手。这三个年轻人能力都很强，这位总经理一时难以下结论。

为了进一步考查他们，总经理带着他们三人一起去打猎。到了目的地，做好准备工作之后，总经理没有急着开始，而是问这三个年轻人：“你们看到了什么？”

第一个年轻人说：“我看到了一望无际的草原、蓝天、白云，还有奔跑的野兔。”

第二个年轻人说：“我看到了总经理、同事、猎枪、优美的景色，还有奔跑的野兔。”

第三个年轻人说：“我只看到了野兔。”

回到公司，总经理毫不犹豫地聘用了第三位年轻人，他后来工作很出色，很快得到了提拔。

从这个故事中我们可以看出，第三个年轻人眼中只有他们当天最重要的目标，其余无关的东西，他一律自动删除了。这就是专心致志的表现，也是我们在学习、工作中最需要的品质。

我在美国当交流生时，为了考上大学，必须参加一场托福考试。考试日期越来越近，而我的听力却还有较大的不足，为了集中突破听力，我把手机里的所有歌曲都删掉了，存放的全是托福考试的听力练习资料。

我是很喜欢听歌的，有时还要一边做作业一边听歌。手机里没有歌曲，有段时间的确让我很难受。我一次次想重新下载歌曲，但是，一想到托福考试如此重要，我就对自己说："考出好成绩，是我现在唯一的目标，绝对不能三心二意！"于是，我一次又一次抑制住了自己下载歌曲的冲动。

那段日子，我经常会戴着耳机练听力。经过两个月专心致志的练习，我最终也考出了满意的成绩。

当时，我把手机里的歌曲删掉，就是为了删除所有与目标无关的东西，不让它们有任何使自己分心的机会。

当我把我的这段经历跟一些朋友和读者们分享后，他们都觉得这种做法非常好，于是也用到了自己的学习和工作中，并且取得了不错的效果。比如有这么一位同学：

小汤在中考前一个月的时候，把家里所有的玩具、课外书、自己的平板电脑和手机统统锁进了杂物间，并且把钥匙交给妈妈保管，还交代妈妈说，中考结束前不能把东西给自己。

结果小汤在最后一个月里专心复习，成绩保持得特别好，甚至还有意想不到的进步——本来认为自己10门功课能拿8个A的他，竟然10门功课都拿了A。

删除让自己分心的因素，这是每一个人都适用的自我管理绝招。只有学会主动剔除这些与目标无关的事情，才能最大限度地保证我们学习和工作的效率，从而取得最佳效果。

4. 卓有成效的“自我惩罚法”

我在微博上收到很多读者的求助，他们明明知道自己不该分心，也想管好自己，可总是做不到。

我给他们的回复都是：要学会给自己设立惩罚措施。

什么意思呢？我们不妨先来看看美剧《生活大爆炸》里的一个片段：

几个科学家在讨论一个科学话题，为了防止有人说无关的话，他们都自发地往自己汗毛较多的手臂上贴了几块胶布，一旦某个人说了与主题无关的话，旁边的人就用力撕下那人身上的胶布（想想就痛）。

很搞笑，这种方法我们也未必要照搬，但这些科学家的精神，的确值得我们借鉴。我们每个人，其实都可以像他们一样，给自己设定一些惩罚措施，在自己分心的时候，以此来监督自己。

我跟大家分享一下，我给自己设置的惩罚措施吧：

比如我会在学习的时候，在桌上摆一小碟特辣的辣椒粉，只要我发现自己分心了，我就吃上一点。吃了这种辣椒粉，一般来说我都会辣得脸红脖子粗，甚至有时还会拉肚子，所以我对这种辣椒粉是很“敬畏”的。

也正是因为我对它有所“敬畏”，我才会逼着自己不能分心。有时，甚至只要看一眼装辣椒粉的碟子，我就会告诉自己：“专心！专心！专心！不然就要吃辣椒粉了！”

有了辣椒粉的帮助，我专心的好习惯也逐渐巩固，做事的效率也越来越高。

其实，大家在给自己设置惩罚措施时，也可以因地制宜，选择一样对自己的刺激足够强烈，让自己能够记得住，最好是能够害怕的惩罚措施，并且在分心的时候一定要对自己实施惩罚。有了合适的惩罚措施，加上自己的决心和毅力，即使在没有人监督的情况下，自己也能独自好好学习和工作。

有位思想家说过：“我们每个人都是一棵树，而三心二意就像白蚁一样啃食着我们，如果你不能做到心无旁骛，那即使你再有心成长，最终也结不出成功的果实。”

我觉得这话说得一点没错，只有学会专心并掌握其方法，我们才能以最理想的状态，获得成长和成功。

自我管理小贴士

1. 对学生而言，没有什么比分心更能影响成绩，也没有什么比专心致志学习更重要。

2. 我的目标是什么？我现在在做什么？我现在做的事情对我的目标有没有帮助？使用上述自我管理的三句话，能帮助我们更好地做到专心，并且收获最大的成长。

3. “删除”让自己分心的因素，这是每一个人都适用的自我管理绝招。只有学会主动剔除这些与目标无关的事情，才能最大限度地保证我们学习和工作的效率，从而取得最佳效果。

4. 适当给自己设定一些惩罚措施，在自己分心的时候，以此来监督自己。

第十四章

战胜诱惑的四大绝招

1. 明白什么对你更重要
2. 战胜诱惑的最佳方式，就是远离诱惑
3. “延迟满足”的价值
4. 以“自我羞辱法”向坏习惯挑战

1. 明白什么对你更重要

我曾经听到这么一段老师和学生之间有意思的对话——

老师：“把手机放下！你还想不想完成实验报告了？只知道玩手机。”

学生：“哎呀！我知道玩手机会影响进度，可我就是忍不住啊！”

老师：“手机对你来说诱惑太大了！这诱惑害人啊，就像捕兽夹一样。你明知道危险不能碰，可你还是忍不住想去吃放在上面的那块肉。”

其实这位老师形容得非常形象，诱惑的确对人有害。而我们都应该认清楚自己周围有哪些“捕兽夹”，并且一定要小心，就算诱惑再大，我们也不能被它们“夹”到。

要抵制不良诱惑，有一个十分重要的做法——从根本上明确什么对你更重要。

表弟曾给我讲过一个故事。

他的一个同学，偷偷跑去网吧打游戏，结果被父母发现了。父母站在他身后，先是严厉地要求他关机回家学习，见他不听便想拖着他走。然而，他却用力把父母的手甩开，还大声吼道：“你们别来烦我行不行？”

他的父母这下火了，走上前去按下电源，把电脑关掉，拽着他就要走。没想到他竟然大哭起来，说：

“你们知不知道刚刚那一局对我的队友们有多么重要！”

他爸妈反问道：“那你怎么不想想学习对你的人生有多么重要！”

这个同学真是令人哭笑不得，他不仅被网络游戏这种对学习有负面影响的东西扰乱了心思，竟然还把游戏当作当时对自己很重要的事情。我觉得这是非常可悲的。

作为学生，我们一定要明白，我们最重要的责任，就是好好学习。

有这么一段话，说得很有意思：

“天将降大任于斯人也，必先卸其QQ，封其微博，删其微信，去其贴吧，收其电脑，夺其手机，摔其iPad，断其Wi-Fi，剪其网线，使其百无聊赖，然后静坐、喝茶、思过、锻炼、读书、弹琴、练字、明智、开悟、精进，而后必成大器也。”

这段话，完美地讽刺了现在不少人因各种诱惑而分心，不好好工作和学习的现象。如果我们每天在这些方面花费过多时间，哪来的时间和精力去把最重要的事情做好呢？

我有一个学长，就做出了正面的表率。

他在专心做每一件事时，都会把那件事情用较粗的记号笔写在便笺上，用感叹号强调，然后贴在自己书桌前最醒目的位置。

比如，他在练吉他的时候，就会把“练吉他！！！”写好，然后贴在琴谱架上，时时刻刻提醒自己，当时最重要的事情是练吉他。而其他无关的事情，他基本上是不会去做的。

在学习方面更是如此。如果他要写论文，他同样会把“论文！！！”写好，放到醒目的位置上。当他开始思考和写作论文的时候，就会专心致志，不做无关的事情。

正因为这位学长时时刻刻都明白自己当下最重要的事情是什么，他才能把抵制诱惑做得这么到位，也才能在各方面都有着令人羡慕的效率和好成绩。

由此可见，我们想要抵制诱惑，第一步就是要拥有时时刻刻明白什么对自己来说最重要的能力。

2. 战胜诱惑的最佳方式，就是远离诱惑

我在网上看到过这么一个故事——

一条鱼向前方游去，众鱼纷纷阻挡：“危险！千万别游向那里！”那条鱼问：“为什么危险呢？”众鱼心有余悸地说：“那里有很多诱饵，我们不少同伴都有去无回。”

这条鱼却说：“诱饵搁在那里，它不会伤害你，只有当你经不起诱惑，去吞食诱饵时，那才危险。在这个世界上，危险的不是诱饵，而是一颗经不起诱惑的心。”

这个故事好不好？刚开始看时，我觉得非常好。的确，只要拥有一颗禁得住诱惑的心，不论你到哪儿，都不会被诱惑所害。

但是，在我们青少年身上，对于这个问题，我们需要更深入的思考。我们不妨先看一件令人震惊的事。

2015 年，南通市一名读高三的男孩子，为了彻底戒除网瘾，竟然用菜刀砍断了自己的左手！虽然说，他这种要断绝网瘾的决心是值得称赞和肯定的，但是他这种极端的行为却并不可取。他的行为，也让人不禁开始思考：为什么他非要采取这么一种令人痛心的方式呢？

事实上，很多时候，我们并不能做到像那条拥有“经得起诱惑的心”的鱼一样，哪怕诱惑在身边，也能做到不去碰。很多诱惑，并没有那么容易抵挡。

因此，当我们的意志力还没有强大到足以抵挡任何诱惑的时候，对我们来说，战胜诱惑最好的方式，就是远离诱惑。

在这方面，我有很深的体会。上高中时，父母和老师都强调过无数次，学习不可以分心，我也明白专心的重要性，然而，在诱惑面前，我还是败下阵来。

当时我的同桌很爱玩手机游戏，不管什么时候，他手里总握着手机。我有些好奇，问他在玩什么。他二话没说，拿起我的手机，帮我下载了一个游戏，说："你玩玩就知道了。"

我心里有些犹豫，因为我知道玩手机肯定影响学习。但是我突然放松了一点防线，心想："就玩 5 分钟，好玩的话，等到周末也可以用来放松。"

然而，就是这短短 5 分钟，让我差点儿掉入深渊——我一下子沉迷在了手机游戏里，不仅瞒着老师没有上交手机，还经常在上课时、晚自习时、吃饭时、睡觉时玩游戏。

后果可想而知，我的成绩一落千丈。

爸爸妈妈为了解决我的问题，专门采取湖南卫视《变形计》节目的方式，送我到一个家庭贫困但学习自觉的同学家中生活，让我懂得"学习是为自己，学习需要自觉和自律"的道理。

我深刻地意识到了诱惑的危害。同时我也明白，自己的自制力还不足以抵抗摆在面前的诱惑。怎么办呢？我想了一个最简单的做法，是在上学期间，就主动把手机交给老师保管，这样一来，我就没有手机可以玩了。我的学习也开始恢复到以前的状态，成绩也越来越好。

尝到了远离诱惑的甜头不久后，我就去了美国交流学习。

在美国，我不仅学业繁重，还有交流任务。而我的寄宿家庭里，竟然有对我最致命的诱惑！他们家一切都好，但是有一个特点——一家人都爱打游戏，而且还专门建了一个游戏室，里面有各种各样我梦寐以求的游戏机和电脑，对我有着极大的吸引力。

我也明白，我在美国是为了交流学习，是万万不能碰游戏的。然而这样一间游戏室，和我的房间只有一门之隔，我什么时候忍不住了，只需要轻轻松松走两步，就能走到游戏室里去玩个天昏地暗。

我害怕自己会禁不住诱惑，所以我选择了远离诱惑——我会把房门紧紧关上，然后戴上有隔音效果的耳机。这样，我就不会受到游戏室的干扰。最终，我也出色地完成了学习和交流任务。

或许有一天，我们的确会拥有任何时候都能抵制诱惑的强大意志力，但对于还在成长过程中的我们来说，避免诱惑最保险的方式，还是远离诱惑。

3. “延迟满足”的价值

我去各地做讲座时，经常有同学问我，玩网游、看网络小说，的确会让我们分心、无法好好学习，但有时它们也是很好的放松心情的方式，那么到底应该怎样去调配学习和休闲的时间呢？

我的回答，往往都是要学会“延迟满足”。

延迟满足，顾名思义，并不是完全不玩游戏、完全不看小说，而是把这些事情都推迟到做完所有功课以后再去做。

之所以要这样做，是因为我们每个人都必须明白，我们的短期冲动，都必须要为长远目标让路。

不少同学，也留言反馈说“延迟满足”对他们帮助特别大。一来，他们玩游戏、看小说不再影响学习了，学习效率越来越高。此外，他们有时甚至会把这些娱乐活动，作为自己完成学习任务的奖励，这也在某种程度上进一步激励自己去学习。

我觉得这样的效果就非常理想，这也正是“延迟满足”的神奇所在。

在青少年的成长过程中，还有一个很典型的问题，我们也需要“延迟满足”，那就是早恋。

我曾经看过一篇帖子，里面写了一个小女孩早恋被父母发现而制止，小女孩一气之下把父母的结婚证撕了个粉碎，还诅咒父母赶紧离婚。

这是多么令人心寒的事情啊！父母之所以制止小女孩早恋，何尝不是为了女儿好？而小女孩这样的反应，实在是让人难以接受。

我也经历过青春期，也明白青春期对于异性萌生的好感，这些都很正常，也很美好。

我们喜欢谁，或者被谁喜欢，这件事本身并没有错。早恋是一种短期的冲动，但它会影响我们的长远目标，也就是学习。因此，我们一定要警惕，不要在过早的时候“满足”在这个年龄本不应该满足的事情——早恋。早恋中的“早”字也说明是恋爱发生的时间过早了。

关于早恋，有一位老师有个很棒的观点：

“就算你有十足的把握考进心仪的大学，你能确保你不会影响到对方的人生轨迹？你能确保，你给对方的就是对方想要的人生？”

是啊，青春期的我们并不够理智，在如此繁重的学业压力下，我们都难以保证自身会足够专心地学习，也更加难以承担恋爱所需要的责任。

那位老师还说：“爱情，对于青少年，就像是一件太过昂贵的奢侈品，给不起，也要不起。”

如果我们真的喜欢某个人，最重要的，并不是急着和对方确定关系。在我们还不够成熟，还没有能力掌控自己未来的时候，我们最重要的事情，是努力学习，给自己铺好一条通向未来的道路。同时也把好感埋在心底，深深祝福对方也打拼出一个美好的未来。等到多年以后，更加优秀的你们，再去享受那延迟的满足，岂不是更加美好？

4. 以“自我羞辱法”向坏习惯挑战

很多时候，诱惑并不一定是一件具体的事情，它也可能是我们身上的坏习惯——因为我们总想这样，而它又会对我们造成不良影响。

因此，改掉坏习惯，也是战胜诱惑的一种表现。

关于改掉坏习惯，我曾经看到过一种很有意思的方式，大家不妨借鉴一下。

这种方法的核心理念，就是在犯错之后，进行“自我羞辱”。而在使用这种方法之前，首先你要有改掉坏习惯的决心，然后要有强大的心理素质。

具体怎么操作呢？比如，一个人有上厕所不洗手的坏习惯，那么，当他开始使用这种方法后，每一次忘记洗手，就要对自己进行一次“羞辱”。比如打开窗户大喊：“我上厕所又没洗手，我好脏啊！”又比如跟自己当天遇到的前十个朋友说：“我刚刚上厕所又没洗手，真丢人呀。”

每个人都有羞耻心，而如果你能够真正做到每次出现坏习惯时都羞辱自己，那么你的羞耻心会帮助你下意识地改掉这种坏习惯。

我的一个同学小朱，就利用这种方式成功改掉了自己喜欢睡懒觉的毛病。

自从他开始使用“自我羞辱法”以后，他只要有任何一天睡了懒觉，就会在微信里随机找五个人，然后给他们发信息说：“我今天又睡了懒觉，大家以后别叫我小朱了，还是叫我小猪吧！”

有的人笑话他，有的人说他有毛病，但最让他难忘的，是有一次他随机选到了自己暗恋的那个女孩。他当时很犹豫是否要给她发这条消息，但他是定了目标就一定会努力做到的人，因此，他最终还是按下了发送键。

没想到，那个女孩很快回复了他，并鼓励他战胜睡懒觉的毛病。从那天开始，他更加努力地让自己克服睡懒觉的坏毛病，终于，没过多久他便战胜了这个坏毛病，成了我的朋友中起床最准时的人。

这种方法，我们都可以尝试，虽然说过程可能比较难受，但结果却往往立竿见影。

李嘉诚曾说：“人的价值，在遭受诱惑的一瞬间被决定。”的确，我们的价值如何，就看我们如何面对诱惑——

被诱惑牵着鼻子走，我们就只能当生活的奴隶；而如果我们能掌握正确的方法来战胜诱惑，我们就会拥有更自主和更美好的人生。

自我管理小贴士

1. 要抵制不良诱惑，有一个十分重要的做法——从根本上明确什么对你更重要。

2. 当我们的意志力还没有强大到足以抵挡任何诱惑的时候，对我们来说，战胜诱惑最好的方式，就是远离诱惑。

3. 延迟满足，并不是完全不玩游戏、完全不看小说，而是把这些事情都推迟到做完所有功课以后再去做。因为我们每个人都必须明白，我们的短期冲动，都必须要为长远目标让路。

4. 在青少年的成长过程中，还有一个很典型的问题，我们也需要“延迟满足”，那就是早恋。

第十五章

赢得朋友的四大要点

1. “多叫一声哥，少走十里坡”
2. 别把低情商当成有个性
3. 多一点付出，少一点计较
4. 以“理直气和”的方式处理矛盾

1.“多叫一声哥，少走十里坡”

我相信每一个成长中的青少年，都希望自己能够拥有好人缘、赢得更多朋友。

那么，有哪些方法，能让我们在人际交往中收获更多有价值的友谊呢？

西北民间流传着这么一句话：“多叫一声哥，少走十里坡。”这句话里的“叫声哥”，说的并不是溜须拍马攀关系，而是展示对一个人发自内心的尊重和夸奖，以此来达到“少走十里坡”这样少走弯路的效果。

这句话，也是我一位西北的朋友牛哥常常挂在嘴边的话。而他的人际关系非常好，而且很多人都愿意帮助他，原因之一，就是因为他经常“多叫一声哥”。

有这么一件事，让我印象特别深刻。

牛哥特别喜欢打篮球，但是有段时间，技术一直提升不上去，所以他四处寻找可以当他篮球老师的高手。

有一天，他终于找到了合适的人选——我们学校篮球队的王牌后卫卡尔文。但朋友们都劝阻他说，这个人虽然技术过硬，但为人太过高傲，不可能会愿意手把手教他打球。

牛哥说："我不信我从他那儿取不到经。"说完，便跑到球场上，跟他打起了招呼。

虽然朋友们都对牛哥找卡尔文拜师没有信心，牛哥却坚持每天都去找卡尔文打球，并且非常热情。当卡尔文做出高难度动作时，牛哥会为他竖起大拇指，甚至有时，我们发现，卡尔文并没有做出多惊人的举动时，牛哥也会夸他……

正在大家都觉得牛哥"拍马屁"有点过头、效果可能会适得其反的时候，有一天下午在球场上，我们惊讶地发现，卡尔文竟然非常用心地在教牛哥怎么打球。

后来，我们都纷纷问牛哥，是怎样说服高傲的卡尔文的。

牛哥说，很简单，就是发自内心地欣赏他、尊重他、赞美他，并且让他知道，日子久了，他自然会觉得找到了知音，并且愿意与自己有更深入的交流。

而牛哥也说，这赞美也不能瞎赞。首先，一定要用心去观察对方的长处在哪儿，比如卡尔文，最抢眼的当然是他凭借过人的身体素质和球技做出的夸张动作，但他在很多时候有一些小细节，虽然不容易观察到，但却能体现出他异于常人的篮球智商，所以牛哥也抓住各种机会夸赞了对方。

牛哥说得非常对，如果你希望跟他人建立更加牢固的关系，从他人身上真正学到东西，让自己少走弯路，你就必须要先学会观察，看他到底哪里优秀，并表示出足够的尊重和赞美。这种赞美不是“拍马屁”，而必须是你真心流露的。

2. 别把低情商当成有个性

生活中，我们总能听到有些人说“我就是个心直口快的人”“我这个人就是这样”“我的个性就是如此”一类的话。

值得指出的是，不少说这种话的人，其实都是在用“个性”掩饰自己的低情商。

我认识一个叫阿宽的人，他就存在这样的毛病。

有一次，阿宽参加一个联谊会。当时有一个阿宽并不认识的人，在饭前给精美的菜肴拍照。可没想到，这人突然手抖了一下，手机掉在了一大盆汤里。

周围的朋友们赶紧帮他把手机从汤里捞出来，而手机因为进了水，当场就不能用了。大家纷纷给他递餐巾纸，告诉他如何修理和补救。

可谁也没有想到，阿宽竟然说了一句让所有人都不知道该如何解围的话：

“心疼手机干什么？心疼下这盆汤啊！这下汤都不能喝了，你看你是不是很讨厌？”

在场的所有人都愣在一旁。如果他们俩很熟，这样开开玩笑，同时也及时表示对对方的关心，其实也没有什么问题，但他们才第一次见面，这样说话实在是不合适。更让人不可理解的是，阿宽竟然还觉得自己特别幽默。

阿宽还对我们讲了他的另一个故事。

有一次，阿宽回到家，发现弟弟做错了事，被爸妈惩罚在房间里闭门思过。阿宽决定发挥自己“搞笑”的个性，去跟弟弟开个玩笑。

阿宽走到弟弟房间门口，突然一下跳出来，大喊了一声：“嘿！”

这一声惊吓，吓得弟弟大哭大叫。弟弟冲了过来，把阿宽推出房间，然后重重地关上了门。

“看到我弟弟被吓坏的样子，真是太爽了！”阿宽竟然这样说。

如果我是那位弟弟，我想我应该会特别讨厌这样的哥哥。因为自己难过的时候，哥哥不但不安慰自己，反而还火上浇油地吓自己。虽然阿宽只是想跟弟弟开个玩笑，但这个玩笑的确是开得大了点。

不论说什么话、做什么事、开什么玩笑，都一定要注意时间、场合和对象，不要不顾后果去张扬自己的所谓“个性”，因为或许这就是情商低的表现，不仅达不到想要的效果，可能还会遭人反感和憎恨。

与阿宽形成鲜明的对比，我的好朋友蔡振宇就大为不同。

有一次，蔡振宇来看望我和我父母，不仅带了牛奶给我们，还请我们出去吃火锅。

吃火锅的时候，他对我们都非常热情，总是主动帮我们添茶、递纸巾，还偷偷结了账。

我们对他表示感谢。不料，他反而不断感谢我们，说我爸爸妈妈很忙，在百忙中还抽出时间来与他相聚，让他很开心。他还感谢我分享了许多成长的好经验给他。

照理说，他请我们吃饭，应该是我们感谢他，可没想到他请我们吃饭，还让我们一个个很有“成就感”。有谁能拒绝这么热情的人呢？

也正是因为蔡振宇一直体现出这么高的情商，十多年了，我一直把他当作我最好的朋友之一。

这符合社会心理学一个法则：

喜欢引起喜欢，在乎引起在乎。

情商，就是要懂得关注别人的感受。高情商的人，总会尽可能地让对方觉得和他交往非常舒服和愉悦。

在这里，我也列举出在一篇文章中看到的“情商低的十种表现”，大家可以借鉴并反思自己是否存在类似的情况，有则改之，无则加勉。

（1）非原则的事情爱争个输赢；

（2）自己说话刻薄却自认为很有水平；

（3）随意宣泄自己的情感；

（4）常有理，错了也不承认；

（5）常问些让对方难堪的问题；

（6）迂腐，爱钻牛角尖；

（7）对任何人和事都过多强调自己的动机而不管结果好坏；

（8）总爱抢别人的话说；

（9）对别人说的话和事情漠不关心；

（10）总是不顾别人感受讲自己的那点事。

3. 多一点付出，少一点计较

任何人交朋友，都喜欢懂得付出的人，讨厌斤斤计较的人。因此，我们在人际交往中，一定要学会多一点付出，少一点计较。

我们先来讲“多一点付出”。关于这一点，我曾在一次意外的“付出”后，收获了一份珍贵的友谊。

刚进初中时，我的朋友不是很多。有一次，我在食堂吃饭，我清楚记得那天中午的荤菜是辣椒炒牛肉。我们食堂一般来说是不可以添菜的，而那天食堂的师傅给我打了很少的牛肉，大部分都是辣椒。

我无奈地离开打饭窗口，找到了我们男生扎堆吃饭的地方，坐了下来。我看到一个和我没什么交往的同学正狼吞虎咽地吃着牛肉，看他这么爱吃，我于是想：我只有这么一点牛肉，吃着也不过瘾，他这么爱吃牛肉，还不如给他吃呢！

于是我主动把牛肉给了这位同学，而他虽然惊讶，但也很开心地接受了。

他吃得很开心，本来我根本没有想过他会如何回报我，可后来他只要一见到我有什么困难，都会第一个冲上来帮助我。

这让我感到很意外，后来我很快和他成了好朋友。

当我问起他为什么会忽然对我那么好时，他告诉我说："因为那天你把牛肉给我了啊。你的碗中，本来牛肉就不多，但你却都给了我。你在乎我，我也应该对你有所回报。"

虽然是一次"意外"的付出，但这已足以使我明白付出的重要性。在乎别人非常重要，因为你的在乎与付出，是情感的一座重要桥梁。

亚里士多德也讲过："友情最重要的不是接受爱，而是奉献爱。"由此可见，学会付出有多么重要。

接下来我们再说说“少一点计较”。

我有一个同学老八，在人际交往方面处处碰壁，很少有人愿意跟他交往。

为什么会这样呢？且看他的一些做事风格——

有一次，老八的同桌买了一个三明治、一个小餐包当早餐。老八说自己也没吃早餐，希望同桌给他一个。

同桌把小餐包分给了他，但他却说想要三明治，同桌本来就是买给自己的，对于这样得寸进尺的要求自然有些不愿意，可没想到老八竟然把小餐包一丢，说：“你怎么这么抠门？”

还有一次，老八跟同学打篮球，由于不满意随机抽签决定的分组，竟然把在场的所有人骂了一遍，然后转身离去。

其实这些都是非常小的事情，但在老八眼里，却莫名其妙的“严重”。老八这种过于计较的性格，注定让人不想跟他交往，因为跟他在一起总是受气。

其实，在人际交往中，别说这些小事我们不应该计较，就算是朋友真的有什么事情做错了，我们也应该以宽广的胸怀去包容，以解决问题的方式去沟通，而不能摆着一副以自我为中心的态度，让人难堪难受。

只有这样，一些不必要的矛盾才能避免，我们的人际关系才会更加融洽。

4. 以“理直气和”的方式处理矛盾

我曾在《管好自己就能飞》一书中提到过一个观点：

“学会理直气和。”

人们常常说“理直气壮”，而我想表达的“理直气和”和它是有所不同的——即使在一件事情上我们有理，我们也没有必要咄咄逼人。

相反，我们可以选择一种更加和善、尊敬的态度，在赢得道理的同时，也赢得别人的尊重。

对于这种处事方式的魅力，我可是深有体会。

有一次，我在食堂吃午饭，一个同学听说我是中国来的交流生，于是坐在我旁边跟我说话。他的第一个问题是：“你们中国人真的吃狗肉吗？”我回答说：“我不吃，但的确有一些人吃。”

没想到，那个同学的语气立马变得很愤怒：

“中国人怎么这样子？你们真是一点人性都没有！狗是人类最好的朋友，吃狗肉这种事情实在是太没良心了！”

我听了这话实在很生气，如果他只是说说我，那也就算了，可是他骂的是所有中国人，我就很不能接受。

正当我要开口骂回去的时候，我突然转念一想，其实我没必要这么激动。这是文化差异带来的冲突，而我做交流生的目的不就是跟他们更好地沟通文化、消除误会吗？如果我跟他吵起来，不但可能改变不了他对于中国人吃狗肉以偏概全的看法，同时周围的人很有可能会觉得中国孩子很无礼。

于是我想，我应该用我一直主张的“理直气和”的方式来处理这个矛盾。

我整理了一下情绪，用平和的语气对那个同学说：“很抱歉你会因为这个而生气，但是我也希望你理解，因为我们的文化是完全不一样的。就好像在美国，你们许多人吃牛肉，而印度人则把牛看得跟神一样尊贵。”

没想到，我“理直气和”的处理方式，得到了许多围观的同学的支持，不少同学都为我鼓起了掌，也有同学走上来，将我和那位同学的手拉到一起，说：

“我们就别因为文化差异而动怒了，交流生不就是要和我们交流文化的吗？我们还得感谢他来到我们学校呢！不如你们握手言和吧！”

那个同学有些羞愧，他握着我的手道了歉，后来我们也成了不错的朋友。之后，在中美文化方面，我们也有许多有意思的交流。

真是好险啊！如果当时我向他发脾气，不仅会失去一个潜在的朋友，同时，更有可能在美国同学面前，给他们留下一个“中国人很粗鲁、一言不合就发脾气”的坏印象。而这种“理直气和”的方式，效果就好了很多倍。

我曾经见过这么一个比喻：友情好像是一座鼎，而鼎的三只足，分别是朋友本身、对朋友真诚的态度，以及正确的交往方法。想要友谊之鼎长立，三者缺一不可。

是啊，友谊对每个人来说，都是如此重要。那么，正确的态度和方法就显得更加重要。我相信，只要我们对朋友做到以上所述的四点，我们就一定能为自己赢得珍贵的友情。

自我管理小贴士

1.多叫一声哥，少走十里坡。发自内心地欣赏他、尊重他、赞美他，日子久了，他自然会觉得找到了知音，并且愿意与你有更深入的交流。

2.不论说什么话、做什么事、开什么玩笑，都一定要注意时间、场合和对象，不要不顾后果去张扬自己的所谓“个性”。

3.在人际交往中，学会多一点付出，少一点计较。

第四单元

养成习惯，确保当成长的主人

第十六章

与“3 分钟热度”说拜拜

1. 找到并强化长久的动力源
2. “21 天习惯训练”及相关规律
3. 每次进步一点点，就会离成功越来越近

1. 找到并强化长久的动力源

我收到过这样一封读者来信：

牧天哥哥你好！我是一名中学生，我们学校最近组织大家阅读你的书，我很佩服你的能力。学校还提倡我们天天写自我管理日记，有很多同学包括我的进度总是差好几天，刚开始写时比较新鲜，后来越来越不想写，上周学校还组织了“培养自控力，赶超吴牧天”的读书演讲活动，但感觉真的是好难坚持。

请问你是如何避免只有短时期热度，也就是通常说的“3分钟热度”的呢？

这位读者所提到的“3分钟热度”，的确在很大程度上会让我们难以成长，而且这也是一个非常普遍的现象。

那么，我们究竟该如何改正它呢？

战胜“3分钟热度”的第一步，就是要找到自己长久的动力源，并且要不断强化它。

我们先来说说如何找到自己的动力源。

我最喜欢的动漫《海贼王》里的一个个满腔热血的人物，就给了我们很好的启示：

船长路飞的梦想是成为海贼王，剑士索隆的梦想是成为世界第一的大剑豪，航海士娜美的梦想是绘制完整的世界地图……一行人怀揣着各自的梦想，搭乘同一艘船，进行一场伟大的冒险。

他们每个人坚定不移的梦想，就是他们最长久的动力源，在这样的动力源的驱使下，他们不断挑战、不断成长，一步一步地走向成功和辉煌。

我们每个人都一样，首先，我们要敢于树立梦想，并把梦想牢牢刻在心中，时刻告诉自己："那是最美好的梦想！所以我一定要为之努力！"

如果已经有梦想了，那固然很好，但如果你还处于迷惘的状态，你该怎么找到目标呢？

我在学习创业学时，曾看到过一个案例：

有一位老者问学生，他的梦想是什么。学生看着摆在面前的各种各样的画笔、颜料，立刻一脸茫然，摇摇头说不知道。

老者问："好。那你告诉我，你最希望今天晚上完成一件什么事情？"

学生说："我不想画画，我只想把这座雕塑完成。"

老者又问：“那你下个月，希望完成一件什么事情呢？”

学生说：“我想再完成一座雕塑的练习。”

老者笑了笑，继续问道：“那么1年后呢？”

学生想了想，说：“我希望能够到巴黎学艺。”

老者点了点头，再问：“那么10年后呢？”

学生看着天空，满怀期待地说：“我希望能够在全世界展览我的雕塑！”

老者拍了拍他的肩膀说：“看，你的梦想，难道不是成为举世闻名的雕塑家吗？”

学生心中豁然开朗，连忙点头。

从创业的角度出发，这种思维方式，是将眼前的目标一步一步推远，给更远的将来做战略规划。而这对于我们树立梦想又何尝不是一种借鉴呢？

我们不妨从眼前的小事出发，一点一点往以后去推想，以此来找到自己的长远目标，或者说梦想。这样，我们是不是就会有动力源了呢？

当然，拥有动力源以后，我们在成长的过程中，还需要不断强化我们的动力源，这样才能保证最好的激励效果。

那么具体应该怎么强化呢？

请看我一个美国同学是怎么做的——

他从小就有一个当富豪的梦想，但是“有钱”只是一个抽象的概念，他把这种抽象的概念，衍生出了无数个具体的东西，比如说开着私人飞机畅游世界，成为一个慈善家，每年能为非洲难民援助不少粮食和药品，等等。他把这些东西写在便利贴上，又或者找来这些东西的照片，贴在自己房间、办公桌的各个角落，让自己随时都能看到这些目标。

这种细化、具体化的方式，让他的动力越来越强，他每次只要一看到任何一张便利贴或者照片，都会觉得热血沸腾，都会开始埋头苦干，都会觉得流的每一滴汗都是那么值得。

其实，我们很多人都是梦想家，都会想很多很美好的事情，都喊着我一定要完成。可是，很多人却只是想到而已，并没有马上行动去做。而这世上的事情，哪有想想就能成真的呢？

我们不能让梦想被搁置，其实我们只要在动念头的瞬间也迈开步子，不断走下去，或许很多梦想就能成真了。

2. “21天习惯训练”及相关规律

我们都知道这么一句话：“滴水穿石，非一日之功。”

在成长的过程中亦是如此，不靠积累点点滴滴看似平凡的东西，我们是不可能做到“滴水穿石”的效果的。而要想真正做到如此，除了在思想方面要重视点滴的积累，还必须要掌握一些方法和规律。

比如本章开头提到的那位同学，他说写自我管理日记写不下去，很大一部分原因，就是他仅仅重视，却未必掌握了有效的方法和规律。

在《管好自己就能飞》中，我介绍过我最重视的一个方法——神奇的“21天”定律。这个方法的要点是：要形成一个好习惯，必须坚持21天的时间，也就是3周。

第一周，我们有兴趣，有动力；但是到了第二周，我们的惰性思维会来干扰我们，要我们放弃或者懈怠，此时如果并没有发现明显的好习惯带来的甜头，我们就更容易灰心。这时候，如果我们不能够警惕并且坚持，第三周往往就放弃了。

但是，只要你不间断地坚持这21天，这个好习惯的雏形就会基本形成。而你坚持了90天以后，它就基本上固化了。

我记得当初爸爸要我写自我管理日记时，并没有要求我写得多有文采、多有思想，只要求我好好坚持，尤其要首先保证坚持21天，之后再保证坚持90天。

我答应了。然而，一切正如爸爸所料，刚到第二个星期，我觉得写自我管理日记并没有什么意思，很想放弃。然而当我想起这个21天习惯训练时，我坚持了下来。21天后，我开始觉得，坚持写日记真的一点都不难。后来，我也成功坚持了 90 天，直到现在，我已经坚持了 5 年多时间。

21 天习惯训练，其实符合这么一个规律：

“先是我们养成了习惯，然后习惯养成了我们。”

再具体一点说，如果我们能在一段时间内，重复而不间断地“刺激”自己，哪怕这种“刺激”并不舒适，我们的身体和心理最终也会越来越接受这种刺激。

一旦我们接受和习惯了这种刺激，我们慢慢就会自动自发地去做了。

我有这样的体会，与我健身时的经历也有很大关系。

有一段时间，我用哑铃锻炼肱二头肌时，哑铃的重量一直卡在 35 磅，很长一段时间都难以有进步。

于是我请教我的教练，为什么我总是难以有突破。

教练问我，我每一组锻炼时做多少下，我说一组 12 下。教练说：“从今天开始，你一组做 18 下吧。”

我忙跟教练说：“不行！我做到 12 下的时候就已经有点举不起来了，怎么可能做得了 18 下？”

教练告诉我：“你如果想要长肌肉，想要长力量，你就不得不重复地刺激它，而不是在你觉得快要不行的时候就放弃这种刺激。”

听到教练的话，我顿时明白过来了。

从那天开始，我再也不会以“快要没力气了”为借口，而放弃对自己的重复刺激。这种加码的刺激虽然让人痛苦，但对我来说非常有效，很快，我就突破了 35 磅的瓶颈，开始挑战更大的重量。

我相信不仅仅是健身，在任何方面，我们只要懂得重复刺激自己，就能取得理想的进步。

我很庆幸能在健身房学到这样一些难得的成长道理，这些道理不仅仅在健身方面适用，在其他方面也同样适用。我相信，只要我们学会了这些道理，就一定能更加高效地成长。

3. 每次进步一点点，就会离成功越来越近

“3 分钟热度”最主要的原因之一，就是短时间内看不到效果、尝不到甜头，所以很多人就容易灰心，容易放弃。

这种心理可以理解，因为青少年都追求轰轰烈烈，希望做任何事都能有比较明显的效果。

《荀子》中有这么一句话：“不积跬步，无以至千里；不积小流，无以成江海。”

这句话表达的意思是，不论什么事情，都要从脚下的点点滴滴积累起来，最终才能离成功越来越近。要战胜“3 分钟热度”，也是同样的道理。

每当我因为看不到效果而有想放弃的念头时，我都会想起 NBA 马刺队的总冠军戒指。总冠军戒指的侧面，是锤子敲击石头的图案。

一开始我很纳闷，为什么在马刺队的总冠军戒指上，会有跟队伍名字没什么关系的图案呢？

后来，我在一张马刺队更衣室的照片里找到了答案。马刺队的更衣室里有这样一段话：

“当一切都看起来无济于事的时候，我去看一个石匠敲石头，他一连敲了 100 次，石头仍然纹丝不动。但他敲第 101 次的时候，石头裂为两半。可我知道，让石头裂开的不是那最后一击，而是前面 100 次敲击的结果。”

我相信马刺队这样做，是为了用“第 101 次击打”告诉自己的队员们，做任何事情可能都是这样，或许我们努力一次，看不到效果；努力两次，也看不到效果；努力了十几次，还是看不到效果……此时我们绝对不可以灰心丧气，我们反而应该继续坚持努力，直到我们敲出“第 101 次击打”，那些原来看起来难以战胜的“石头”，就终于被击碎了。

青年作家刘同的作品《谁的青春不迷茫》中，有“25 岁的自问自答”一节，下面这一段问答特别打动我：

“在你成长过程中感觉走得最关键的一步是什么？”

“第一本书是大四写完的，没有任何门路出版，于是四处求人，上网投稿，上门咨询，不停地打电话不停地被拒绝……感觉自己一辈子的脸都在那时丢光了，但依然坚持去做。当版权被5000元买断时，长舒了一口气。虽说版税太低，被人说成得不偿失，但对我而言，那本书被人认可的一瞬间，也是我20年来头一次被自己认可，从此变得自信。”

看，这不也是相信“第101次击打”，而逐步向成功迈进的典型吗？

我特别欣赏刘同提到的“被自己认可”这个概念。我觉得，我们每个人从小到大都会经历多种多样的失败与挫折，比如考试失利、成绩排名垫底、高考失利没能考上理想的大学、毕业后处处找不到工作、工作时被上司责骂……

这些失败都会打压我们的自信心。不少人会被大大小小的失败所击倒，但是，像刘同这样的人，却从不放弃努力。

因为，哪怕是每次、每天进步一点点，就向成功迈进了一大步。

自我管理小贴士

1. 战胜“3分钟热度”的第一步，就是要找到自己长久的动力源，并且要不断强化它。

2. 首先，我们要敢于树立梦想，并把梦想牢牢刻在心中，时刻告诉自己：“那是最美好的梦想！所以我一定要为之努力！”

3. 我们很多人都是梦想家，都会想很多很美好的事情，都喊着我一定要完成。可是，这世上的事情，哪有想想就能成真的呢？因此，我们不能让梦想被搁置，要迈开步子，行动起来，或许很多梦想就能成真了。

4. 21天习惯训练，如果我们能在一段时间内，重复而不间断地“刺激”自己，哪怕这种“刺激”并不舒适，我们的身体和心理最终也会越来越接受这种刺激。一旦我们接受和习惯了这种刺激，我们慢慢就会自动自发地去做了。

5.《荀子》中有这么一句话：“不积跬步，无以至千里；不积小流，无以成江海。”不论什么事情，都要从脚下的点点滴滴积累起来，最终才能离成功越来越近。

第十七章

好成绩来自“粘屁股功夫”

1. “粘”住的是屁股，守住的是理想
2. 安静出效率
3. 自觉与各种杂乱的念头做斗争
4. 创造不被打扰的安静环境，更好地利用安静环境

1. “粘”住的是屁股，守住的是理想

不少同学在学习的过程中，都有这样一个问题：“坐不住”，就算坐下了，也很容易“心猿意马”。

不能专心、安心地学习和工作，是很有害的。日本佛教曹洞宗创始人道元和尚说过一句话——“不成心专一事，决不能达成一志”，说的就是这个道理。

三心二意最影响效率。如果我们想做成一件事，或者想做好一件事，不集中精力去做是不行的。

那么，我们怎么改“坐不住”为“坐得住”呢？

我在美国当交流生时，最大的理想就是考上一所好大学。在美国考大学需要有不错的托福和 SAT 成绩。

有一天，寄宿家庭决定带我去迪士尼乐园玩，我别提有多激动了，当时正在放秋假，没有学习压力，我也很想好好玩一会儿。

但是，我马上意识到，自己很快就要考托福了，所以我决定坐在书桌前开始认真复习。这一学就是一整天，中途那

些弟弟妹妹一次次邀我去玩，但我一直没有动心。到晚上，我都有些佩服自己的定力。

当天，我在总结里，记下了这么一段：

“学习真的很需要有这种‘涂了胶水’的‘粘屁股’的定力，不管什么时候，一定要坐得住才行。”

还有一次，我的作业特别多，所以一吃完晚饭我就回到房间埋头苦干。我忙了一会儿后，突然听到寄宿家庭的三个小弟弟欢呼着跑向我房间的声音，他们跑来告诉我，《星球大战》的最后一部电影在电视上播放，叫我赶紧去看。

我当时还真的差点儿就从座位上弹了起来，因为这部电影我好早以前就想看。

可是我低头看看自己成堆的作业，心想要是作业做不好就会影响自己的课堂成绩，影响了课堂成绩，申请大学时递出的成绩单就不会那么优秀，所以我只好对三个弟弟说：

“对不起，我没办法跟你们一起看电影，我实在太忙了。”

最后，虽然三个孩子还是拖拽了我一会儿，但我依然坚持不去看电影，他们就只好自己去看了。

那天晚上，《星球大战》里经典的背景音乐、打斗时的音效时不时地传入我房间，让我实在心里很痒痒。可是只要心里一痒，我就赶紧提醒自己做作业最重要，只有做完了作业才能去看。虽然最后直到电影放完我都没做完作业，但自己其实觉得很高兴、很充实。

我再次深深地感到：学习的确需要这种“粘屁股”的功夫。“粘”住的是屁股，守住的正是我们的理想。

2. 安静出效率

在我的印象里，有这样一个画面：

教室里很安静，同学们都在埋头苦干，忽然，一只鸟从窗户飞进了教室，打破了原本的安静。许多同学都停下笔，目光移到了那只鸟身上。直到那只鸟出去，还有许多同学的目光一直在窗外找那只鸟；而也有同学很快就收心回来继续学习；甚至还有的完全不去理会，就像这只鸟根本没有飞进来一样。

那些被鸟干扰的同学，往往是学习效率低的学生；而那些不受影响或者是收心很快的同学，往往是学习效率高的学生。

类似的情况应该在许多地方都发生过，而仅仅从这样一个小片段就能看出一个人的心到底是沉下去的，还是浮躁的。那些看到鸟，然后去关注的同学，他们的心肯定是浮躁的，因为一点点风吹草动就可以把他们的心吹动；相反，那些对那只鸟置之不理的同学，就真的是沉下心来了。

安静才能出效率。

无论是在学习还是工作中，干扰是时时存在的。如果你不能排除这些干扰，被这些干扰影响的话，你的效率就会大打折扣。只有沉下心来，不受干扰，才能达到最高的效率。因此，学会抵抗干扰，沉下心来学习、工作就变得尤为重要。

关于这一点，我爸爸的故事给了我很大的启示：

爸爸最先是一位记者，后来是一位作家，写起东西来总是很投入。

有一天，爸爸本来准备在家写书，但是他想，自己如果在家写东西，就会或多或少分心，看看电视啊，沙发上躺一躺啊……都有可能使自己没法全部沉浸在写作状态中。于是爸爸马上带着笔记本电脑到了一家咖啡厅，在那里工作起来。

爸爸很快就进入了角色，开始专注地写起东西来。

到了中午，服务员问爸爸要不要点吃的，爸爸一看时间，已经到了吃饭的时候，于是他点了一个套餐。

套餐很快就上来了，于是爸爸开始吃，吃了两口，爸爸突然来了灵感，便马上放下筷子继续写稿子。

过了许久，服务员走过来，对爸爸说："先生，您的饭菜已经凉了，要不要我帮您热一下？"

爸爸一试，果然已经凉了，于是就让服务员帮他热了一下。然后爸爸马上又继续开始工作，没有任何事情可以干扰他。

结果这一顿午餐，饭菜凉了三次，服务员也帮爸爸热了三次。爸爸就这样聚精会神地投入到写作中，一天内就写了两万多字。

这种投入、静心的“粘屁股”工作态度，的确值得我们好好学习。

3. 自觉与各种杂乱的念头做斗争

在追求梦想的道路上，我们每个人像战士一样，朝着目标不断前进。而我们最大的敌人，就是那些会让我们分心的杂念，它们试图阻挡我们，让我们偏离前进的方向。

此时，我们最强的武器是定力。如果我们让心定下来，把所有的杂念扫除，就能进入高效率的理想状态。

有一天，我给自己定了任务，一定要写完一篇论文。这篇论文篇幅很长，早上起床时我还头疼地想：今天怎么可能写得完啊？

可是没办法，既然订下了计划，就一定要好好完成，于是我吃完早餐立即就坐在书桌前开始写了。上午写得还挺顺利，可到了中午，我前几天买的、盼星星盼月亮想看的书刚好送到了。

我立即拆开包裹，忍不住翻看起来。此时，我突然看到了电脑屏幕上还没写完的论文，我只好把书放在一旁，继续写起来。

那两本书实在是太诱人了！写论文这么枯燥，看书那么让人放松，我自然会想要去看。可是我一直告诉自己：“不行，不行，一定要认真写论文，不能分心。”就这样，我专心致志地又写了一下午。

当天是我表弟生日，他晚上请我出去吃饭，饭桌上我们聊得特别开心，吃完饭好像还有点意犹未尽。于是表弟提出，要不我们一起去看场电影，看完电影再一起去吃夜宵。

我差点儿想都没想就说出了“好”，但我突然想到我还有稿子没写完，所以不能去看电影。于是我很抱歉地跟表弟说了我那天有篇论文必须要写完，所以不能陪他去看电影了，只能让他朋友先陪他，但是因为是他生日，夜宵我还是尽量去陪他吃。

表弟也很理解地答应了我。我回到家后，立即又坐下写了起来。可是我发现我并不是很专心，我总是想着表弟和他朋友在开心地看着电影，可我却要在电脑前苦苦地写着文章。我甚至想，反正今天是表弟生日，我不正好可以拿这当借口，明天上午再写算了？

我再一次立即打住了自己的杂念，我想，既然已经决定了今晚要写完，那就必须要好好对待，而且我答应了表弟要一起吃夜宵，所以一定要在吃夜宵之前把文章写完。

我逼着自己静下来，很快就进入了状态，越写越顺手，到后来甚至到了行云流水般的程度。终于，我成功地在弟弟叫我吃夜宵前把论文写完了！

那一刻，我别提有多轻松、多开心了。

我们每个人或许都会经历类似的事情，在我们下决心要做一件事的时候，或许我们的脑海中会冒出许许多多的杂念。如果我们的大脑都被这些杂念所占据，我们的效率一定会大打折扣，甚至可能什么事都做不好。

但是，假如你以定力逼迫自己把屁股紧紧地“粘”在椅子上，不被杂念所影响，就能让我们的学习效率最大化。

4. 创造不被打扰的安静环境，更好地利用安静环境

人是容易被周围的环境影响的。这时，学会给自己创造一个无法被打扰的安静环境，并且好好利用这样的安静环境

来学习就显得尤为重要。

关于这一点，东晋画家顾恺之的故事让我印象非常深刻：

顾恺之在年轻的时候有一个朋友，那个朋友和他一样，很喜欢作画。

有一次顾恺之和他比画画，看谁在一个月内画出的画更好。那个朋友家住在菜市场旁边，每天菜市场发生任何新鲜的事情，他都会停笔去看看，结果一个月下来，他才匆匆画出了半幅画。

而顾恺之的态度就截然相反，他的画室在二楼，他带着铺盖上楼后，吩咐妻子把楼梯拆掉，一个月后再装上。整整一个月，他都在画室里作画，连他吃的饭，都是妻子用长竿撑着放饭的篮子送上楼的。

结果，约定的时间到了，顾恺之拿着画好的画去找那个朋友，那个朋友羞愧无比。

仔细想想，难道顾恺之的身边就没有吸引他的事情吗？肯定是有的，但是他没有像他那个朋友一样，被干扰牵着走，他的心里就只有作画，因此他能够发挥出最大的效率。

我相信顾恺之就是意识到自己不能被周围的事情所干扰，所以才给自己特意创造了一个无法被打扰的环境，这样才能避免自己被打扰，专心作画。

有时，我们正处于一个好的安静环境，这时，就更需要珍惜，好好利用这份安静的环境来学习了。

在美国当交流生时，我在寄宿家庭第一次体验了感恩节。按照美国人的习俗，感恩节是要吃烤火鸡的，许多家庭都会放在中午进行，原因是火鸡里有一种会让人犯困的物质，所以吃完中饭后，大家一般都会慵懒地在家看电视、睡觉，或是玩游戏。

那天下午，家里的确安静得很。我突然也很想放松一下，我可以看我喜欢的小说，可以好好睡个午觉，也可以玩玩电脑游戏。

可是我突然转念一想，这么安静的环境，不正是我最期望的吗？我不好好利用它来学习，那不是浪费吗？

看到这里，可能会有人说，过节的时候，没必要这么刻苦吧？哈哈，如果在平常，或许我真的会允许自己放松一次，可是当时我正面临着马上要到来的托福考试，所以我丝毫不敢懈怠。

于是我就这样，在书堆里度过了安静而无聊的一天。

虽然说的确是很无聊，但我觉得特别充实，因为那一天里完全没人打扰我——三个小弟弟睡觉的睡觉，玩游戏的玩游戏，完全不像平常一样过个几分钟就要来房间里吵我一次。而我也背了不少单词，做了不少习题。

我们要想提高自己的效率，就一定要学会给自己创造一个安静的环境，如果有安静的环境，更应该好好利用。

因为在这样的环境中我们最不容易被打扰。同时，更加重要的是一颗安静的心，只有我们静下来了，把精力集中了，我们的效率才会高。

自我管理小贴士

1. 三心二意最影响效率。如果我们想做成一件事，或者想做好一件事，不集中精力去做是不行的。

2. 学习的确需要“粘屁股”的功夫。“粘”住的是屁股，守住的正是我们的理想。

3. 无论是在学习还是工作中，干扰是时时存在的。只有沉下心来，不受干扰，你才能达到最高的效率。

4. 给自己创造一个无法被打扰的安静环境，并且好好利用这样的安静环境来学习吧。

第十八章

想在前，做在前，落实在前

1. 你的竞争力，往往来自比别人提前一点点
2. 提前准备处处主动，临时应付易“掉链子”
3. 提前落实，就是预先“排雷”

1. 你的竞争力，往往来自比别人提前一点点

一个寒冷的冬天，我和朋友们来到一家很受欢迎的餐馆吃饭。由于我们早就订了来这里吃饭的计划，我也早早就上网预订了座位。

果然，到达餐厅时，发现排队区已经是人山人海，当服务员带着我们到预订的餐桌时，我听到门口有人议论："怎么他们比我们后到，反而还先上桌了？"我心里窃喜："谁叫你们不预订的？"

晚饭我们吃了一个多小时，当我们离店时，之前那几个抱怨我们的人又继续说道："你看，他们都吃完了，我们却还没上桌。"

我平时出门吃饭有个习惯，只要是可以预订的餐厅，我都会提前预订一下。因为万一遇到高峰期，或者突然有很多顾客上门，没有预订，就势必要浪费很多时间在排队等待上。

这种做法，其实只是我这些年来尽力养成的好习惯的一

个体现。我觉得，不管是去餐厅，还是做任何事情，都一定要想在前头、计划在前头、做在前头。

这样的好习惯，的确给我带来过不少甜头。

比如有一次，课堂上老师突然告诉大家：“这个周末前，班上能把这门课的所有网上小测试做完的同学，可以拿到 15 分的额外奖励。”

班上有的同学就不满地说道：“老师，你要是早点说多好，我们这个星期有期中考试，哪来的时间做那么多测试？”

老师并没有理会这位同学的抱怨，说：“我相信总会有人拿得到这 15 分的。”

而我呢，心里有些暗爽。因为我的习惯就是，在有空余时间的时候，就会提前做一两个小测试，所以这门课的测试题我其实早就全部做完了。而最后，我也成了班上为数不多拿到 15 分额外奖励的同学之一。

还有一次，刚上大学不久时，我听说有一个职场面试技巧的讨论会，我很有兴趣，于是邀请一些同学去参加。可我的同学们都说：“我们现在才大一，要用到那些东西还早着呢，以后再学也不迟。”

但是，我还是坚持，一定要提前学会这些东西。

去了讨论会以后，我真的觉得不虚此行。会上讲了不少大企业面试的案例，还讨论了不少有用的职场面试技巧，让我觉得受益匪浅。

我记得，当天我把这些技巧摘录下来，记在我的自我管理日记里，发给爸爸分享，爸爸很有感触。爸爸说，以他常年做培训的经历来看，他发现国内许多大学毕业生在求职应聘时，总是非常被动而且缺乏经验。

爸爸的单位曾经就面试过一个北京某大学毕业的女生。在面试的过程中，好几个问题，她要么答不上来，要么回答得让人很不满意。最让人失望的是，爸爸的单位明明有网站，网上有很多她可以了解的信息，可是她却一点功课都没有提前做，对爸爸的单位一无所知。

在交谈中，爸爸得知，她 4 个月来一直奔波在应聘的路上，当时天气已经很冷了，而她却因为双脚的水疱磨破了，怕袜子粘上就脱不下来，所以连袜子都不敢穿。

爸爸感叹道，与其这么盲目地奔波在路上，为什么就不能花点心思和时间去学习应聘的基本技巧，多提前研究一下应聘单位的特点，找到与自己优势的结合点呢？

是啊，被动地工作和生活，带给自己的只可能是停滞不前，甚至是倒退。而如果我们都能学会主动地把任何事都提前一点点做好，那么我们是不是也为自己赢得了一种牢靠的竞争力呢？

2. 提前准备处处主动，临时应付易“掉链子”

刚上大学的时候，我犯了一个错误：

在选课的时候，我忘记了美国大学上课的特点，只顾着看每一节课的时间是否合适，却完全忘记考虑两堂课所在教室之间相隔的距离了。

结果到了开学的时候，我才猛然发现，我物理课下课后，竟然要在 10 分钟的间隔内，赶到 2 公里以外的化学实验室去。

运气好的时候，我还恰好能坐上一辆公交车，在 10 分钟内赶到目的地，可是万一没有赶上公交车，就注定要迟到了。

虽然，后来我也立即做出了反应，将这个问题协调好了，但这样的一次经历，给我敲响了警钟：以后做任何事情的时候，都一定要提前主动做好充分的调查和准备，以免到了事情发生的时候突然掉了链子。

其实，因为在这方面缺乏思考、不懂得提前做好准备，导致做事情常常变得被动的例子不在少数，我身边就有这么个例子：

我有一个朋友小丁，有一次，他开车送一位好友去车程 2 小时的机场赶飞机。朋友们都好心提醒他，这段时间天气不好，去机场的路上有可能会堵车，所以大家都建议他早点出发。

可是小丁不以为然，他总觉得提前 3 小时出发，2 小时花在路上，留 1 小时候机足够了，再早完全没有必要。

结果，当天突然下大雪，去机场的高速上发生了事故，堵车堵得特别严重。最后，正因为小丁的疏忽，那位朋友没能赶上飞机。

如果说小丁能够提前一点查清楚天气、预测好路况，甚至趁着天气还没有那么恶劣时，先送朋友到机场附近酒店住下，我相信他的朋友就不会赶不上飞机，更不会误了接下来的其他事情。

看了身边这种被动心态误事的事例，再加上我自身的经历，我深深意识到了提前主动做准备的重要性。在我之后的学习和生活中，我也养成了这样一个好习惯。而这样的好习惯，使我在很多方面都格外顺利。

有一次，在上编程课时，分配给我的电脑出了点小状况——由于某个程序没有安装得当，所以我无法正常运行代码。助教帮我忙活了将近 1 小时，才终于把电脑修好。而编程课时间只有 2 小时，这就意味着，在仅剩的 1 小时时间里，我要完成原本 2 小时才能完成的任务。

虽然出于特殊原因，助教说可以让我事后再补做，但我却完全不需要！我在 1 小时内，非常顺利地完成了任务。

这是为什么呢？

因为我在做任何作业前都有个习惯，那就是提前研究透作业的要求，然后我会在脑子里仔细琢磨，要以什么样的思路和步骤来完成这次作业。一旦我脑子里确定了一个框架，在真正做起来的时候，我只需要把早就深思熟虑好的东西从脑子里照搬出来，再稍做修改，就基本大功告成了。

这种提前准备的习惯，使我拥有了加倍的学习效率，也因此尝到过不少甜头。

而这种习惯的好处，当然不仅仅是针对学习，在生活上，我们同样也能派上用场。

每次在学期结束，大家清理回国要带的行李时，我的朋友们总会抱怨东西太多太杂，不知道到底该带些什么回去好，结果越清理，房间和箱子就越乱。相比起来，我总是能在很短的时间内，就把行李收拾得整整齐齐。

我之所以能做到这样，也是因为总是在正式开始收拾之前的一两天里，就在脑子里提前思考，哪些东西我要带，哪些东西不带，要带的东西我该怎么在箱子里摆放……

正因为我早就已经思考清楚了，所以我收拾起来才能做到有条不紊。

我认为，对于任何事情，我们都应该养成提前思考、提前准备的好习惯，因为只有这样，我们在真正开始操作的时候，才能更加有条理、更加有效率。

许多有工作经历的人，说在工作中最怕的事情之一，就是“关键时刻掉链子”。这个“链子”，指的是不可或缺的内容和环节。

如果我们消极应付，往往容易“掉链子”，但是，假如你提前准备，就不仅不容易“掉链子”，而且会处处主动，游刃有余。

3. 提前落实，就是预先“排雷”

我有一个堂妹，曾经遇到过这样一件令人气愤的事情：

有一天晚上，她和几个朋友约好一起在广场上摆个饮料摊勤工俭学。我堂妹负责准备饮料的原材料，而她的朋友们则负责安置好冰箱和电源。

到了约定好的出摊时间，堂妹提着东西来到了约定的地方，可是朋友全都没有到。她着急地给朋友们打电话，这才发现，原来那些负责弄冰箱和电源的朋友，什么都没有落实。结果，一个晚上，他们什么也没弄成。

堂妹那一晚很失落。我也很能理解。因为我相信，包括我在内，不少人都最不喜欢这样不守信用、“关键时候掉链子”的人。而我们，也一定要避免成为那样的人。

与此同时，我堂妹是不是也可以做得更好，从而避免那种意料不到的结局呢？

事实上，遇到这种情况，她是可以改进的：尽管自己将原材料准备好了，但也可以提前打电话给朋友们，问他们冰箱和电源落实得如何，需不需要自己帮助，等等。因为她提前去落实，即使遇到问题，也容易想到应对措施和解决办法，从而使晚上能够正常摆摊。

其实，我自己也有过相似的教训。

有一次，我的一位美国老师和包括我在内的三名同学约定，周末一起参加一个活动。到了约定的时间，我们三位来到集合地点，却迟迟不见老师的身影。

我们赶紧打电话问老师，问问是不是临时出什么变故了。没想到老师说：“哦，不好意思，今天的活动取消了。”

当时我们三个很气愤，老师如果要取消活动，为什么不能通知我们一声呢？还害得我们三个白白在寒风中等了这么久。

看来，就算是老师，也不一定做事就很细致很到位。但是，仔细想想，是不是我们也有可以改进的地方呢？我们在出发前，是不是完全可以先打个电话问问老师，看计划是否照常进行呢？

经历了这样的教训，我也开始明白，做任何事情前，提前落实有多么重要。而我在之后的生活中，也一直坚持这么处理事情。

有一次，我因为这样的好习惯，避免了一次很严重的事故。

我有一个同学，曾经得过严重的心脏病，虽然通过治疗有所好转，但由于时常还有复发的可能，所以他的身边是常备速效救心丸的。

一个周五晚上，我们接到另外几个同学的电话，他们说他们在山里避暑，想要我们第二天一起去和他们玩一天。而我这个有心脏病的同学提出，因为速效救心丸快吃完了，本来第二天要去药店买，如果我们答应他们的请求，就没有时间去买速效救心丸了，而山里又没有药店。万一在旅途中出现什么意外，那是极其危险的。

那几个同学忙说："没事，我带了急救箱，急救箱里就有速效救心丸！"

听到这话，这位同学就放心了，他挂了电话后就去收拾起行李来。然而这时，我心里开始有了些担忧。我跟同学说：

“你觉得靠谱吗？万一他的急救箱里没有速效救心丸，又或者速效救心丸过期了怎么办？”

同学说：“怎么可能？急救箱里肯定会有的吧，而且他说有，那肯定就没问题咯！”

我还是放不下心，于是要这位同学把电话又拨了回去。我请求他们，再检查一下急救箱里是否有还能吃的速效救心丸。他们一开始有些不耐烦，不愿意去看，但在我的再三要求下，还是去检查了一遍。

然而，他们检查的时候才发现，急救箱里装的并不是速效救心丸，而是止痛片！

我同学听到这个消息，也不禁打了个寒战——万一我们就这样去了，在山里他突然发病，那可以说是喊天天不应，喊地地不灵，就连叫救护车，估计都得花一段时间才能到那山里去。

事后，我这个同学不断地感谢我，说要不是我再三坚持要落实，很有可能就会发生严重的安全事故。

由此可见，提前落实有多么重要。

我们要明白，有的时候提前多问一句，多麻烦别人一句，就算可能会引起别人的不耐烦，那也是要做的。因为如果我们不提前做好“排雷”工作，很有可能到了关键的时候，就会出大问题。

自我管理小贴士

1. 我平时出门吃饭有个习惯，只要是可以预订的餐厅，我都会提前预订一下。我觉得，不管是去餐厅，还是做任何事情，都一定要想在前头、计划在前头、做在前头。

2. 对于任何事情，我们都应该养成提前思考、提前准备的好习惯，因为只有这样，我们在真正开始操作的时候，才能更加有条理、更加有效率。

3. 有的时候提前多问一句，就算可能会引起别人的不耐烦，那也是要做的。因为如果我们不提前做好“排雷”工作，很有可能到了关键的时候，就会出大问题。

第十九章

不碰人性“底线”，不碰法律“红线”

1. 不碰人性“底线”
2. 不碰法律“红线”
3. 尤其不可“底线”与“红线”一起触碰

1. 不碰人性“底线”

2015 年，在我的学校发生了一起枪击案，为了配合警方进行调查，学校停了两天课。事发当天，我们所有学生感到一丝害怕的同时，也为死者感到非常惋惜。

然而，在整个学校都被沉重的气氛笼罩的时候，我们学校某个学生组织在社交平台上发布了一条信息：“停课两天，撒花庆祝！今晚我们的社团活动请大家来喝饮料、吃比萨饼！”

消息一发布，包括我在内的许多同学都在消息下评论，指责这个组织发这条消息的人。

我们觉得，学校放假是因为发生了一起严重的命案，我们应该为死者默哀，也应该好好反思安全问题，而不应该趁此机会来庆祝放假。

不少同学都说这个发消息的人没底线，我觉得这样说确实不过分，因为这个组织说的这些话，的确是越过了人性的“底线”。

其实，这个组织做活动本身是没有问题的，活动能给人们带来快乐本身也是没有问题的。只是可能这个组织在活动的时间选择上，以及宣传所用的文字上，都是对死者极其不尊重，对那些为死者缅怀的人也是极其不尊重的。

作为不认识死者的人，我们都感到很愤怒了，试想一下，如果这话被死者的好友或者亲属看到了，他们会多难受、多受伤？

这种不尊重别人、伤害别人的行为，毫无疑问是越过了人性的“底线”的。所以，我们一定不能够轻易做侮辱、伤害、不尊重他人的事情。

说到这里，我还有个故事要跟大家分享。

有一次，我去一家裁缝店拿改好的衣服。当时店里正好有一个客户来改裤子，裁缝帮他量好尺寸后，说让他下周三下午 2 点来拿，一定让他很满意，并要求他先付钱。那人拿了张 20 美元的钞票出来，在店主眼前晃了一下，伸手给他，店家伸手去接，说：“谢谢！”

可那人突然把手一缩，说：“可是啊，我有点不想给你们，因为谁知道你们这俩老骨头能不能按时给我做好呢！”我听到这话，不禁觉得这个男的实在太没礼貌了。

没想到老板比我反应激烈得多，他转身进到房间，拿出那个男人的裤子，然后扔回给他，说：“你这单生意我们不做，你找别人去吧！”

那个男人愣住了，这下突然语气软了下来，又道歉，又恳求，说他真的很需要立即改好这条裤子，马上有个很重要的活动要参加，可老板就是死活不答应。

我觉得可笑，早知如此，何必当初呢？

与我同行的一个同学认识这家店的裁缝夫妇。他告诉我，这家裁缝店是这个城市里声誉最好的。这对夫妇来自欧洲，做了好几十年裁缝，手艺好得很。他们的口碑也特别好，因为他们不仅做出的衣服质量好，更难得的是他们向来都特别守时，说什么时候完工，就一定会什么时候做好。

他们特别反感自己多年积攒下的好口碑被人质疑或者讽刺，所以这个男的这番话的确是伤害到、侮辱到这对夫妇了。

因此，但凡是可能侮辱、伤害到他人的事情，我们一定不能做，不管是有意的还是无意的，也不管是认真的还是开玩笑的，全都不可以。

2. 不碰法律“红线”

一说到犯法，大家可能马上想到的都是杀人、放火、吸毒什么的。这些事情当然不必多说，绝对是不可以做的。可也有一些事情，看起来没有这么严重，但事实上也会触犯法律，这样的行为也值得我们多多警惕。

有一次，我的一个同学，就因为这样的事情差点儿被警察拘留。

那天，这个同学和他的朋友在健身房健身时，发现放在储物柜里的东西被人偷走了。他的朋友赶紧报了警。警察来后，四处询问，看是否有目击者看到事情的过程。

我那个同学说，他好像看到某个黑人翻过他朋友的柜子。

警察立即带着他回警察局做详细的询问和笔录。然而在后来的询问过程中，警察开始觉得他说的话很不可信，于是质问他是否真的看到了那样的情况。

他其实并没有真的看到有黑人翻他朋友的柜子，他只是随口那么一说，他解释道："这种事情，肯定是黑人干的。"

警察听了这话很生气，本来要以妨碍公务的罪名拘留他，但考虑到他的朋友来求情，我们又正处于期末考试时期，才以口头警告的方式处理。

警察告诉他，以后对于任何警方的调查，都千万不可以乱说话，因为任何话都有可能成为审查一个人是否有罪的证据。同时，也希望他再也不要说"肯定是黑人干的"这一类话了，因为万一他指认了哪个黑人，又说了这样的话，到头来那个黑人又是无罪的，这样一来，那个黑人告他种族歧视加诽谤，那可够这个留学生"喝一壶"的了。

那个同学当时肯定是以为随口说说不要紧，可在美国，如果在警察查案时说了假话，往往是要承担法律责任的。

这位同学的事情，值得我们所有人借鉴，不管是有意无意，法律的“红线”都是绝对不能触碰的。我之所以说是“红线”，就是为了加强警示：如果触碰了，后果不堪设想。

同时，我还有一点需要跟大家强调：我们不仅仅不能触碰法律的“红线”，连犯法的念头都千万不能有。

有一天，我在网上看到一个化学专业同学发的文字，让我头皮有些发麻。他说，他刚学会制作一种恐怖的化学药品，无色无味，用量恰当的话，能把人毒死而查不出死因。他还说，如果以后他恨一个人，他会用这种药来“招待”对方。

我联想到国内发生的几起投毒案，觉得真是很吓人。在这个错综复杂的社会里，虽然我们不应该总是怀疑别人，但我们更不能单纯地相信一个人说的话是在开玩笑。很多罪犯，在他们成为罪犯之前，周围的人从来都没有想过他们会犯罪。

我不能确切地判断这个同学是否真的以后会给人投毒，但我觉得如果真的有用恐怖的方式报复别人的想法，的确是很可怕的。因为他很有可能在因为什么事情失去理智时，就会照他当时的想法做。

因此，我们一定不要有任何犯罪的想法，哪怕一点点都不要有。不是说有了念头就一定会做，但是只有思想上远离法律的“红线”，行动上才不会触碰违法的边缘。

3. 尤其不可“底线”与“红线”一起触碰

前几年震惊全国的药家鑫事件，我相信许多人都不会陌生。药家鑫本来是一位学习音乐的大学生，但是却杀人犯罪，他不仅仅越过了人性的“底线”，还大大越过了法律的“红线”。

此事引起了社会各界与媒体的热议，其中在半月谈网上《我们缺乏哪些“底线教育”？》一文中，作者提到了这样一个观点：

“底线教育是公民教育的一部分……教育的使命之一是让人做出适应自己实际情况又符合社会基本要求的底线选择。

“以药家鑫案为例，其驾驶车辆的底线应当是遵守交规；不慎违反了交规，底线就是不能撞人；撞人的底线，就是及时停车，协助抢救。药家鑫的悲剧就是在道德滑坡中，越过了一级又一级的底线，以至于最后将人撞伤后竟连刺数刀，生生把伤者杀死。

“尽管有不少专家和律师分析药家鑫的行为是‘激情杀

人’，或曰生命意识的缺失等等，但我认为，一个原因不可忽略，就是长期以来，很多人在成长过程中没有接受过底线教育，脑海中也没有底线意识。”

毫无疑问，药家鑫是将人性的“底线”与法律的“红线”一起触碰了。一个处于大好青春年华的高才生，因为致使一个生命死亡，而葬送了自己的生命。

这样的教训，永远值得我们广大青少年吸取。

自我管理小贴士

1. 不碰人性“底线”，但凡是可能侮辱、伤害到他人的事情，我们一定不能做，不管是有意的还是无意的，也不管是认真的还是开玩笑的，全都不可以。

2. 我们一定不要有任何犯罪的想法，哪怕一点点都不要有。不是说有了念头就一定会做，但是只有思想上远离法律的“红线”，行动上才不会触碰违法的边缘。

第二十章

把每件简单的事情做好就不简单

1. 没有点点滴滴，哪来轰轰烈烈
2. 小细节，大修养
3. 额外的一点点，照亮世界

1. 没有点点滴滴，哪来轰轰烈烈

两年前，我收到过一封“热血青年”的来信，信中说：

牧天哥哥，我讨厌上学！讨厌读书！我讨厌背单词！讨厌做数学题！我的志向不在这里！我想要当一名特种兵，用我的枪上阵杀敌，我的人生要轰轰烈烈地过！哪能浪费在学习这种小事上呢？

可令我难过的是，我的爸爸妈妈、老师、同学全都不理解我，而且还骂我不务正业。我要怎么样才能让他们同意我不读书去参加特种部队呢？

这位同学嫌学习是件太普通的小事，所以不愿意去做。他认为，上阵杀敌、保家卫国才是他想要的轰轰烈烈的人生。这固然很伟大，但他却忽视了最重要的一点——越是伟大的事情，就越需要一件件普普通通的小事来打基础。

我给这位同学说了一个简单的例子：在电视剧《我是特种兵》里，有一名军事素质非常高的学员，竟然没能通过特种部队的选拔，而落选的原因是他没有学过化学，而化学又是特种作战中爆破所必需的基础知识。

其实在青少年中，有不少人都像那位“热血青年”一样，好高骛远，却忽视了点滴积累有多重要。

我不由得想起了我的二姨邓小红的故事。

二姨前不久出版了她的散文集《月牙秋千》，深受读者喜爱。在我假期回家时，红姨送了我一本《月牙秋千》，在拜读那一篇篇文章时，一方面我很佩服红姨书中优美的文采和亲切的生活气息，一方面也很好奇——红姨每天工作都挺忙碌的，哪来的时间写这么一部作品呢？

红姨告诉我，她在政府机关上班，的确是没有时间单独来创作文学作品。而她写这本书的起点，是她在QQ空间里发表的一篇文章。

让她没有想到的是，文章一发出来，一些老师、朋友和同学纷纷给出好评，很多人还留言说希望红姨继续创作下去。于是，红姨便开始一篇一篇地写作并发在网上了。当然，红姨并不是应付了事，她在不断发表文章的过程中，也严格地要求自己不断提升写作水平。

中途，红姨其实也有几次想偷懒放弃，但她总对自己说：“再写一篇吧！再写一篇吧！”

这样，红姨坚持在QQ空间上写了一年文章，后来一经挑选，发现竟然可以集成一本书了！

对此我有着深深的感慨：在这个自媒体时代，许多人都时不时会发一些文字，但有几个人能像红姨一样，既对自己有高标准的要求，又能坚持写作一年，直至一部作品从手中诞生呢？如今，红姨越写越多，11月底还被吸纳为湖南省作家协会会员。

当我把对红姨的敬佩之情告诉她时，红姨一笑：

“其实我的体会，和你的感悟一样呀——‘没有点点滴滴，哪来轰轰烈烈？’”

我不由得也笑了。这是我在以前的书中写过的话。这些年来，我一直进行自我管理的实践、写作自我管理日记，到后来出版书、提高学识、发展人际关系，这些方面，都与自己信奉的这个理念有关。

自我管理日记是我的爸爸送给我的17岁生日礼物，而接下来的一年时间里，我记录了在美国交流的一年中，收获的许多有用的成长心得。

这一年中，我也有几次想放弃。但每一次我要放弃的时候，我的爸爸都会提醒我，一定要把这件看似简单的小事好好坚持下去，并告诉我，积累久了我一定会有所收获。于是，每一次我想放弃的时候，最终都还是把自己拉了回来。

回到国内以后，我把写出来的自我管理日记整理起来，发现这一年里我竟然写了 30 多万字！

于是，在爸爸的鼓励下，我也根据我这一年的自我管理日记，写出了《管好自己就能飞》这本书。

我本来以为出版一本书已经算是不错的成绩了。可让我万万没想到的是，这本书竟然掀起了更大的波澜——这本书上市第二个月，就荣登全国畅销书排行榜总榜；在世界读书日时被中央电视台重点报道，而且获得了 2013 年度冰心儿童图书奖。

此外，这本书还在全国 20 多个省市、百万青少年中，掀起了“自我管理”的风暴。我呢，也在大一的暑假期间，应邀在全国各地进行演讲。

许多读者问我，为什么可以写出 30 万字的自我管理日记，为什么可以在 19 岁时就出版一本畅销书。每当我用这句话回答大家时，总能感受到大家热烈的赞同：

“没有点点滴滴，哪来轰轰烈烈？只有点点滴滴，才能轰轰烈烈！”

如果我没有一天一天的坚持，最后能收获 30 万字的自我管理日记吗？如果没有这 30 万字的积累，我可能写得出这样一本书吗？

所以，不论我们的目标有多么伟大多么遥远，我们都切不可忽视脚下的每一小步。

这些年来，我与广大青少年交流最多的，就是自我管理的内容。经常有人问我自我管理难不难，我要告诉大家，如果你真正意识到自我管理的重要，并愿意踏踏实实去实践，其实一点也不难。

因为，做好自我管理，如果能在下面三点多下功夫，就会越做越容易，越做越好：

从我做起，从现在做起，从点点滴滴做起。

2. 小细节，大修养

有句老话说："成大事者不拘小节。"这句话的意思是，成大事的人，不会拘泥于小事之上。而这个"小节"，指的是与原则无关的琐事。

可是我发现，现在越来越多的人曲解了这句话的意思，把自己不注重细节、不注重修养说成是"不拘小节"，这是非常错误的。

因为恰恰就是在一个个小细节上，最容易看出一个人的修养如何。

前两个月，我参加一个助残活动时，在会场见到了引人深思的一幕：

我看到某位有身份的人，在活动开始前，在舞台旁边吃槟榔、抽烟，然后把烟蒂、槟榔渣随手丢在了地上。而一位刚换好演出服装走向舞台候场的患有先天愚型症的小孩子，随手捡起了他扔的槟榔渣和烟蒂，丢到了垃圾桶里。

看到这一幕，我真是为那个大人感到羞愧，一个有智力障碍的孩子都知道要爱护环境、讲卫生，他一个有身份的人，却随手破坏环境，这么鲜明的对比，真是令人唏嘘。

我再与大家分享一些体验，相信从这里面，我们也能学到一些文明的素养：

我在美国当交流生时，给历史老师当了一个学期的助教。有一天，在历史老师的助教课上，老师让我帮忙清理上学期他的班上有些学生留下来的不用了的文件夹，要我把所有用过的纸丢到可回收垃圾箱里，然后把没用过的纸张都整理出来，放在柜子里，这样，以后班上有人没带纸做笔记时就能来这里临时取一两张用。

历史老师又让我把清空的文件夹放到储存柜里，这样老师就可以把这些文件夹重复利用，给那些没有文件夹的同学。

是啊，在这个资源短缺的时代，懂得环保地利用资源，也成了一个人有素养的表现。而如何利用好资源，我觉得还真的要向我的历史老师看齐——从小事做起。

关于素质，我还有一件事和大家分享：

有一次，我坐国际航班。航班上80%的乘客，都是来自某个国家的人。

在航班飞行的过程中，我发现有这么三点小细节，让我对他们的素质肃然起敬。

第一，在国内的航班上，基本上是乘客下飞机时，空乘人员和人们说你好、再见，很少有乘客回应。但是在这个航班上，大多数乘客在经过空乘人员身边时，都会主动说你好和再见。

第二，在下飞机时，每一名乘客都会把自己的垃圾拿在手上，出了飞机再丢到垃圾桶里，或者丢到飞机茶水间的垃圾桶里去，而不是留在座位上等人来收。

第三，在飞机平稳着陆后，我发现有很多男人拿出自己的手表戴上，很多女人开始佩戴耳环。我一开始以为他们是觉得要下飞机了，所以要把装饰品都戴上。后来才明白：并不是这么回事，因为他们是在上飞机时才摘掉，等到下飞机再戴上的。

坐在我身边的乘客告诉我，这是因为像手表、耳环这些首饰有的硬，有的尖锐，在飞机飞行的过程中，万一遇到什么紧急情况，很有可能给自己，甚至给周围的人带来伤害。

我所谈到的这三点，其实都是很小的细节，但恰恰就是这些小细节，最能打动人，也最能体现一个人的素质。

因此，我们一定要重视细节，学会从细节开始，把每一个方面都尽量做到最好。

3. 额外的一点点，照亮世界

对于很多事情，其实我们能够做到就已经很不错了。但是，有的人，却还会在做到基本要求的基础上，再“额外”多做一些，出乎你的意料，又让你更加开心。

而正是他额外做的这一点点，会体现这个人的不一般。也正是这额外付出的一点点，可以照亮和温暖这个世界。

有一次上统计课，我们助教开始分发她刚批改完的同学们的作业。每个同学收到报告时，都显露出了十分惊讶的表情，我正纳闷为什么呢，我的报告就送到了我手上。我看到报告，也真是眼前一亮。

这位助教不仅仅给每道题都做了认真的批注，而且因为我得了满分，她还在分数旁边用艺术字体写了个大大的“WOW！”（哇！）并且还画了一只举着大拇指的手，旁边有一行小字：“Keep it up！”（继续加油！）

同学们纷纷向彼此展示自己的作业。我这才发现，大家如此惊讶，是因为助教在每一个同学的作业上，都画了画，或是写了艺术字来鼓励他们，而且给每个人的全都不一样。

那一瞬间，我们都觉得这位助教真是特别可爱，而且特别能够散播正能量。她不仅仅做到了她本来应做的给大家批改作业，而且在批改作业的基础之上，还给了每个人令人惊喜的鼓励。这样的助教，让大家怎么会不喜欢？

再来看看一位我遇到的老奶奶：

有一次，我在逛超市时遇到了一位坐代步车的老奶奶。她在拿罐头时，由于手脚不便，把一整排罐头都碰倒了。

她不知所措地想弯下腰，下车来捡，可是腿脚又实在不方便。

我看到这一幕，立即跑上去帮她一个个捡起来摆放回原来的位置，并且还问她要帮忙拿哪一个。

她笑着指指说："劳驾你拿两罐玉米给我吧！"我很迅速地帮她拿好，放在了她的购物车里。老奶奶很和蔼地跟我说："谢谢你！"

我也很礼貌地回了一句："没关系，祝您今天开心。"然后转身继续去买自己的东西。

令我没想到的是，这时，我身后传来了一句："今天遇到你真是太幸运了，小伙子！"

这位老奶奶，在接受我的帮助以后，其实一个简单的微笑、一句真心的谢谢，就已经足够礼貌，也足以让我觉得很有成就感了。

但是，她不仅仅说了谢谢，还说遇到我实在是太幸运了，这让我内心更加温暖，成就感也更加强烈。

我们如果能在身边每一件事情上，都不仅仅做到基本要求，还能额外付出一点点，我相信，不仅周围的人会感受到更多温暖，对于我们自己来说，也是人格上的一种升华。

海尔的首席执行官张瑞敏有句名言：

“什么叫作不简单？把每件简单的事情做好就不简单。”

是呀，如果我们能够把身边每件普通而简单的小事做好了，并且一件一件地累积，一定会在更大的方面成就我们。

自我管理小贴士

1. 不论我们的目标有多么伟大多么遥远，我们都切不可忽视脚下的每一小步。没有点点滴滴，哪来轰轰烈烈？

2. 什么叫作不简单？把每件简单的事情做好就不简单。

3. 小细节最能打动人，也最能体现一个人的素质。因此，我们一定要重视细节，把每一个方面都尽量做到最好。

4. 额外做的一点点，会体现一个人的不一般。也正是这额外付出的一点点，可以照亮和温暖这个世界。

第二十一章

从“屡战屡败”到“屡败屡战”

1. 不要害怕“屡战屡败”，而要学会“屡败屡战”
2. 失败不是世界末日，只是你暂时还没有突破
3. 常常是最后一把钥匙打开了门

1. 不要害怕“屡战屡败”，而要学会“屡败屡战”

记得一个下午，我正在学校咖啡馆里喝咖啡，突然，我的好朋友小黑气鼓鼓地走了进来，坐在我旁边说：

“唉，真烦，我打球又输给我室友了，每次我们都约好输家给对方买一杯咖啡，这下可好，我都不知道给他买了多少杯咖啡了……”

我说：“你这屡战屡败的，干吗还要跟他比啊？干脆别比了算了。”

小黑说：“不，我就不信我会一直输给他，我这叫屡败屡战！敢不敢跟我约定，要是我赢了他，你就给我买一杯咖啡？”我笑呵呵地答应了他，但并没有真的相信他可以打败他室友。

大概两个月后，那时大家都刚放完寒假返校，小黑突然发微信叫我去体育馆观战，说要我准备好他的咖啡。

我心想，这小黑还真是执着，估计这次还是一样的结果。

然而这次比赛的结果让我大吃一惊，平时从来都打不过室友的小黑，这一次竟然让他室友输得心服口服！小黑下场时，拍了拍我的肩膀，说：

“别忘了明早给我买咖啡。”

我惊讶地问他：“小黑你到底是怎么做到的啊？我记得上个学期你可不是这技术啊！你难道寒假参加了什么特训？”

小黑说：“没错！我就是趁着寒假找了个老师，天天教我打球。我也不是为了出那口气，我只是真心喜欢打球，所以我想要进步。之前我一直没办法赢我室友，那他当时就是一道我无法越过的高墙，而现在我终于打败他了，这说明我进步了！”

那一刻，我真是打心眼里佩服小黑，他那种“屡败屡战”的精神，让他有了这么大的进步，真是了不起！我认为，这种“屡败屡战”的精神，值得我们所有人学习，在我们面对失败时，就用这种正能量的精神，让自己成长。

关于“屡败屡战”，有这么一个故事。

湘军的创始人曾国藩刚刚出山打仗时，对自己是信心满满，觉得平定太平天国的动乱是有希望了。然而他完全没有想到，迎接他的，竟然是接连的败仗。他觉得特别耻辱，也特别自责，结果竟然两次试图跳水自杀。

幸好，他的部下及时将他救起，他才没死，也才会有后来那个了不起的曾国藩。

那么曾国藩的改变是从哪儿开始的呢？

曾国藩的改变，就是从一份奏折开始的。曾国藩有个好习惯，在每一次写完奏折后，都会仔细修改，再递交给朝廷。这次他又打了败仗，于是他写的是一份请求朝廷处罚的奏折，在奏折中，提到了自己“屡战屡败”。

此时，他的幕僚李元度看了他的奏折，建议他把“屡战屡败”改为“屡败屡战”。曾国藩一听，特别激动，也打心底里觉得受到了激励。

曾国藩把改好的奏折呈给了皇上。看到“屡败屡战”四个字，皇上不仅没有责怪他，反倒夸赞他有这么一种不屈不挠、坚持不懈的精神。

曾国藩从此也把“屡败屡战”当作激励自己的重要格言，不断努力，终于将自己创立的“湘军”变成了一支战斗力极强的军队。他坚持不懈的精神，给他带来的不仅仅是胜利的功劳，还有流传久远的美名。

虽然有人说，这个故事是后人附会的，但曾国藩在困境中坚持不放弃，最终成就大功却是事实。

小黑的球场经历与曾国藩的成功，告诉我们：不管面临多少次失败，只要你有“屡败屡战”的精神，你总能迎来自己应有的成功。

2. 失败不是世界末日，只是你暂时还没有突破

在我身边，有不少人都经历过失败，有人被失败击垮，从此萎靡不振；也有人战胜了失败，在不断努力之下最终取得成功。

关于失败，我自己也有过很深刻的体会。

在出国前，我去北京新东方参加了几个月的托福培训。我自信满满地去参加了一次托福考试，可是结果竟然只拿了60分！

托福考试的满分是120分，60分算是很差的成绩了，这个成绩，要在美国申请上比较好的大学，基本上是不可能的。

我看到成绩的瞬间心里特别难受，也有些绝望。

爸爸看到我这么失落，也赶紧过来安慰我，同时，也帮我一起分析为什么这次考试会失利。

我告诉爸爸，我认为这次考试失利虽然有一些客观原因，但大部分原因还是我自己水平不够。我很灰心地说，我觉得

自己所有的努力都是白费，甚至开始怀疑自己是否根本没办法学好英语。

爸爸理解地点点头，问我：“那你觉得你有没有做得好的方面？”我心情一下子激动起来，我告诉爸爸：“我的写作得了25分（总分30分），第一次考，这算是不错的成绩了！”

爸爸继续问：“那你为什么偏偏写作就能拿到高分呢？”

我说：“一方面是我打字很快，所以在考场上写的字数很多；另一方面是平时跟爸爸妈妈学习写作的思路、层次和逻辑，都在托福考试的作文中用得上。平时我作文就写得多，托福考试时构思的速度自然就很快。”

爸爸听了这话，微微一笑，说：

“那你还觉得，你所有的功夫都白费了吗？”

我愣了一下，突然觉得好像也不是所有的努力都白费了，我写作方面下的功夫最多，那么自然写作的成绩就最好啊。如果其他方面也能下这么多功夫，那我相信其他的三门也可以考得更好。

接下来，我在其他几个薄弱的方面继续努力下功夫。然后又报考了一次托福。这次考试的成绩显著提高，我也用这次考试的成绩，顺利地申请上了不错的大学。

幸好当时爸爸开导我，帮我从失败的阴影中走了出来，让我明白失败并不可怕，只要我继续努力，就一定能成功，最后才能取得理想的托福成绩。

看来，失败真的不是意味着一切就结束了，只是自己还没有突破而已。只要我们在失败的打击后仍然能够坚持努力下去，相信总有一天我们可以到达成功的彼岸。

3. 常常是最后一把钥匙打开了门

遇到困难与失败，人们容易灰心。甚至在最后一刻选择了放弃。

这时候，请你记住著名科学家、中国载人航天奠基人钱学森的名言：

“不要失去信心，只要坚持不懈，就终会有成果的……常常是最后一把钥匙打开了门。”

有一次数学考试，20 道题的前 19 道我都自信满满，然而最后一道题，我却怎么想也想不出答案。然而，考试的时间越来越少，只剩下 10 分钟、5 分钟、3 分钟……

我当时心里很着急，也有了“随便蒙一个”这种放弃的念头。

但是我突然想起了前不久 NBA 球星科比退役前的最后一战。

在职业生涯的最后一场比赛上，不仅仅是球迷，更是科比自己，最渴望的，是以一场胜利来画句号。而到了比赛还剩 3 分钟的时候，科比所在的湖人队还落后 10 分。

在 3 分钟内追 10 分，这在 NBA 的赛场上是很有难度的。而当时的科比已经大口大口喘着粗气，体能也已经快到极限了。

但科比从头到尾都没有放弃，就算再累，就算机会再渺茫，他也要拼尽自己最后一丝力气努力争取胜利。在科比和队友坚持不懈的拼搏下，分差越来越小，最终，科比也以自己最美的姿势，投入了制胜的一球，反超了比分，最终赢得了比赛。

科比这种不到最后关头决不放弃的精神，突然一下让我重整旗鼓，我逼着自己脑子飞速运转，逼着自己不到交卷铃声响起不能放弃思考。

终于，在最后的 1 分钟里，我把这道题顺利解了出来，那一瞬间的成就感，别提有多强了。

后来再回头想想，如果最后那 3 分钟我选择了放弃，丢了最后这道题的分，我该有多后悔、多不甘心啊！

是啊，当我们觉得难以坚持时，往往很容易放弃。但是，最想放弃的时候，恰恰最不能放弃。

即使遇到让你万念俱灰的时候，我们也要像《士兵突击》

里 A 大队队长袁朗所讲的那样去做：

“在最绝望的情况下，在完全失去理想和希望的情况下，也要能奋斗与生存。”

抱着这种“屡败屡战”，决不放弃的精神，在一次次“战斗”中磨炼自己，在一次次失败中进步，在一次次进步中找到自信，我们一定会迎来阳光与希望！

自我管理小贴士

1. 不管面临多少次失败，只要你有“屡败屡战”的精神，你总能迎来自己应有的成功。

2. 失败真的不是意味着一切就结束了，只是自己还没有突破而已。只要我们在失败的打击后仍然能够坚持努力下去，相信总有一天我们可以到达成功的彼岸。

3. 不要失去信心，只要坚持不懈，就终会有成果的……常常是最后一把钥匙打开了门。

第二十二章

要当“小太阳”，不当“垃圾人”

1. 改阴暗心态为阳光心态
2. “让别人因为我们的存在而感到幸福”
3. 让散发温暖成为我们的生活方式

1. 改阴暗心态为阳光心态

我收到过不少读者关于人际关系方面的来信，其中这样一封信的内容使我陷入了沉思：

牧天哥哥你好！我今年15岁，是一名初三的学生。你在《管好自己就能飞》一书中说，我们要学会主动去帮助别人。就比如学习上吧，最好是主动去帮助别人解决他们不会，可是自己会的问题，这样应该就可以收获好的人缘。

可是在我进入初三以后，我虽然还是很乐于助人，但我遇到了一件让我很头疼的事。有一个跟我关系很不错的同学，我们从前经常互相帮助。可是最近，当我再问她问题的时候，她却说什么也不肯回答我，甚至开始躲着我了。

后来，我一打听，好像是因为她妈妈教育她说我们班里优胜劣汰，很有可能最后就是几分的差距，这个同学考上重点高中，而那个同学考不上。所以她很有可能是怕这道题教会了我，而我就因为这道题的几分超过了她。唉，她怎么这么傻啊！

我现在好伤心，我觉得我跟她一段这么要好的友谊竟然就这么走到了终点，我更觉得人心真的好阴暗好复杂。后来，我发现，我周围有这种心理的，还不止她一个人。弄得我现在也在问自己，还像以前一样乐于助人，到底还值不值得？

读这封信时，我不禁想起了前几年出现的一个词：“垃圾人”。我们先来看看“垃圾人”的含义：

“他们到处跑来跑去，身上充满了负面垃圾——充满了沮丧、愤怒、嫉妒、算计、仇恨，充满了傲慢与偏见、贪心、抱怨、比较，充满了见不得人好、愚昧、无知、烦恼、报复和失望。随着心中的垃圾堆积又堆积，他们终须找个地方倾倒；有时候，我们刚好碰上了，垃圾就往我们身上丢……”

看到这位同学的来信，我沉思了好久。其实设身处地地想想，的确在这种差几分就决定重要命运的节骨眼儿上，帮助别人好像就是害了自己。这和民间“教会徒弟饿死师父”的说法也有一定的相似之处。

但是，我不得不说，那位朋友的妈妈，以这种消极、阴暗、过分防备的方式，不让自己的孩子帮助朋友的做法，就显得是一个“垃圾人”。

如果让我来选择，在有能力帮助别人选择帮还是不帮时，我应该还是会选择给予帮助。原因有这么三点：

第一，互帮互助，这本来就是和朋友交往中应有的方式；

第二，付出的同时，我也在得到，正所谓有舍才有得；

第三，我会在帮助别人的同时自己更加努力争取更好的成绩，从而营造一个积极的竞争环境，而不会把主要的精力放在防备别人方面。

其实我在这方面，有过很多美好的体验，下面我就跟大家分享其中的一个故事：

有一段时间，我的室友郭瑞因为当时物理成绩并不是特别好，所以有时会请物理专业的我来给他辅导一些功课。

其实，我的时间很紧张，要拿出时间辅导人，对我的学习和生活会有影响。与此同时，由于郭瑞并不是物理专业的，而我学的是物理专业，有时在讲解的过程中，我心中也有过“这难道也需要讲”的想法，心里也会有些不耐烦。

但是我深深地感到，帮助同学是我应尽的义务，于是我不仅没有拒绝过他，而且总是一直很耐心地帮他一道一道题目去讲解。

我每次给他辅导完以后，他都会非常开心地拍着我的肩、拥抱我说谢谢我帮助他弄懂这些内容。他还说，自己其实有些题目做得出，但就是知识没法理解透彻，在我的帮助下，他却全都能融会贯通了，所以他特别开心，也特别感激我。

之后，我也深深感受到了，热心帮助郭瑞给我带来的感动。

上个学期，我爸爸第一次来美国看我，来去匆匆，在我们学校停留的时间也只有一天而已。而我那天白天正好排满了课，抽不出时间陪爸爸在学校逛逛。

正当我犯愁该怎么办时，郭瑞听说了这件事，第一个跑来对我拍着胸脯说：

“这件事就交给我吧，我那天没课，一定好好陪叔叔，你只管安心上课！”

当天，郭瑞陪了我爸爸一整天，带着我爸爸把学校好好参观了一遍，我爸爸也非常开心。

当时我真的觉得特别温暖，既有家人的牵挂，又有朋友的热心，我真是觉得自己特别幸福。

看完这个故事，也许大家不难得出结论：那位叫孩子不要帮助朋友的妈妈，表面上看，是帮助孩子一时“保护”了自己的利益，但从长远来看，如果教会了孩子用这样阴暗的方式去为人处世，最终会不会把自己的孩子害了呢？

因此，我们一定要学会把阴暗心态改为阳光心态，学会当“小太阳”，不当“垃圾人”。

但是，假如有“垃圾人”走向你，或者说有这种阴暗心理的人想影响你的时候，你该怎么办呢？

那我们就听从智者的指引吧：

“所以，无须介意！只要微笑、挥挥手、远离他们，然后继续走我们自己的路就行！千万别将它们的负面垃圾接收再扩散给我们的家人、朋友、同事或其他路人。”

2. “让别人因为我们的存在而感到幸福”

“人生的价值，在于让别人因为我们的存在而感到幸福。”

这句话是我的初中班主任周亚薇老师，在我上初中的第一堂课上说的，而我也把这句话当成了我一生必须为之努力的座右铭。

那么，我们应该从哪些方面去做，通过自己的付出让别人幸福呢？

第一，积极帮助别人。

这些年，我主动帮助过不少人。

比如捐助贫困山区的孩子，让他们冬天不会受寒。

比如，从 2014 年开始，我和表弟宇轩靠勤工俭学资助湖南省平江县龙门镇孤儿阿荣读书，如今他已升初中，我和表弟打算资助阿荣直到他进入大学。

比如长沙有一个女孩喝农药住院，我听说了这个消息，虽然素未谋面，但出于对她的同情，立即到医院送了些钱当医药费。

再比如，有一次在寒冷的大风中，我见到路边有一位老人在修自行车，我立即停下脚步，蹲下来帮他把自行车修好了。令我没有想到的是，这位老人竟然是我们学校的一位老教授。老教授对于我的热心帮助十分感激，还送了我一张他用不上的橄榄球赛门票。而这张票十分难得，因为那一场比赛的门票早就卖光了，我想了很多办法都没买到。没想到，一次热心的帮助，竟然给我带来了这样的意外惊喜。

我生活中这样的事情还有很多，在一次又一次帮助他人的过程中，我发现，别人的快乐也会使我快乐。因此，我便把乐于助人这一习惯好好坚持了下来。

第二，与人积极互动。

不论是亲情、友情还是爱情，温暖的情感总是双向的。因此，在我们接受别人的爱的同时，我们也要懂得报恩、懂得回馈才对。

在美国交流时，有一次我去参加交流中心组织的活动，在活动中，我认识了不少来自其他国家的交流生。

在集会上，有一些交流生不断抱怨自己的寄宿家庭对他们不好，比如他们睡觉冷却不愿意给他们加被子，比如吃饭吃不饱……甚至有个同学，带了七页纸的意见信交给交流中心的负责人，请求给自己换一个寄宿家庭。

跟他们对比起来，我觉得自己真是太幸运了！我的寄宿家庭各方面对我都特别关照，处处都关心我，让我真的有在自己家的感觉。

当天，我跟着其他交流生在游乐场里游玩时，赚取了不少奖券。在兑奖的时候，本来可以兑到其他我喜欢的奖品，但我特意给寄宿家庭的三个小弟弟兑换了三个小玩具。

回到家中，三个小弟弟收到我带回来的小礼物，别提多高兴了，连寄宿家庭的爸爸妈妈都感动得直说谢谢。

还有一次，在随寄宿家庭去迪士尼乐园参观后，为了感谢他们，我在第二天天刚亮就起来，为他们制作可口的面包。虽然不算什么大的举动，但他们却格外开心，说："不仅品尝到了面包，更感受到了一颗热乎乎的心。"

正是因为我懂得与他们积极互动，他们在乎我，我也让他们感受到我对他们的感恩与在乎，我们互相之间的情感才会进一步加深。

第三，给周围人创造笑声。

有一次，在回国的航班上，我见到了一个非常逗的空乘大叔。他朝我走来，问我想喝什么，我说来杯茶。平常的空乘，给我杯茶，服务就结束了。但这个大叔，他竟然把头凑过来，很好奇地对我说："帅哥，笑一个，露牙齿那种。"我不知道他想干什么，但还是照做了。

他说："你这口牙这么白，最好不要喝红茶，不然这牙齿可容易变黄哟！可惜，我们航班上只有红茶，那可怎么办呢？”说着说着，他竟然像演舞台剧一样，自己一个人走来走去自言自语起来，表情、动作丰富得很。

突然他走到对面，装出一副仆人的腔调对着自己本来站着的位置说：“报告大王，我们航班有日本进口的抹茶粉，要不要给这位先生来一杯？”说完，他又跳到原来的位置，转过身问我：“帅哥意下如何？”

我还有点没搞清状况，但还是点了点头，说：“谢谢！”大叔立即说：“听见没有？赶紧呈上来！”接着又退到“仆人”的位置，说：“遵命大王！”说完便到后面的房间泡了一杯抹茶给我。

我注意到，不仅仅是我，旁边许多人都被这位大叔逗笑了。这位大叔真是精力充沛，不仅仅是对我，跟其他很多乘客交流时，他都用了非常活泼的方式。这本来非常无聊的航班，被他的一个又一个笑话和举动给弄得有意思了。

我觉得，这个大叔，是一个善于给周围人创造笑声的人，因为创造了笑声，所以也给人带来了幸福感和快乐，这样的人让人永远难忘。

我们每个人都应该学会努力去给周围的人带去暖心的帮助、情感的互动以及愉快的笑声，因为让他们因为我们的存在而感到幸福，是一件很愉快也很有价值的事。

3. 让散发温暖成为我们的生活方式

我们要想当一个“小太阳”，就一定要随时随地向周围散发我们的温暖。

而要散发这样的温暖，我们并不需要多好的条件，哪怕是条件不好的人，也可以散发动人的温暖。

比如我的爷爷奶奶，他们就是很好的榜样：

多年以前，一个大年三十晚上，有两个乞丐来到爷爷奶奶家门口要饭。如果是平常，爷爷奶奶肯定毫不犹豫地拿饭给她们吃，甚至家里没有米，还要去邻居家借点米施舍给她们。而今天是大年三十，爷爷和奶奶商量决定，让她们进来，和全家一起吃年夜饭。

吃完饭后，看两个乞丐没有去处，奶奶说：“你们就在我家睡吧。”爷爷问奶奶要怎么安排睡的地方，奶奶说，让爷爷睡到凉凳上，自己和这对关系为母女的乞丐睡一张床。

我想，恐怕世上没有多少人可以做到像爷爷奶奶这样。

爷爷奶奶没有形容她们的反应，但我能够体会到，她们一定非常感动，因为这种无私的爱，实在是太能温暖人心了。

受到爷爷奶奶的影响，我也时常提醒自己，要做一个向四周散播温暖的人。甚至不单是向人，向世界上所有的生物，都应该散发温暖。

有一天我开车出门时，刚到小区门口，突然有一只小鸟降落在了路中间，我赶紧踩了刹车，坐在副驾驶座的朋友还被我吓了一跳，忙问我怎么回事。我指了指前面，说："你看，前面有只小鸟，我不想撞死它。"

这只小鸟估计也受了些惊吓，飞快地蹦到路边，然后转身看着我。我看到它没事，于是继续踩油门出发。小鸟也对我歪着脑袋，扑棱了两下翅膀，仿佛在对我说谢谢。

那一刻我觉得特别幸福，好像这小小的生命也懂得感恩。而我也因为自己向这只小鸟散播了些许温暖，而感到格外开心。

还有一次，我晚上出去吃饭时，看到饭店对面的马路边上有一群小猫，身材都挺消瘦的，我想它们肯定是被主人遗弃了，所以跑到路边，待在一起相依为命。

我突然很为它们感到悲伤。吃完饭后，我特意在一个大的打包盒里装了一些猫可以吃的食物，放在路边给它们吃。

它们看到食物，一窝蜂地冲上去狼吞虎咽，等它们吃得差不多了，我才转身离开。说来也奇怪，猫或许也通人性，它们都停下，扭头看着我，眼神中似乎充满着感激。

我心里也一阵感动，还忍不住向它们轻轻道了声晚安。

我和那群小猫或许只是今晚的一面之缘，但我的那一盒饭，或许就使几只急需食物的小猫得救或变得健康些了。

这些事情，其实是我们都可以做的。不管是可怜的小动物，还是其他有困难的人，只要有可能，我们也该给予他们帮助。我们付出一点点，对他们来说或许有很大的价值。

勿以善小而不为。行善，是会让自己愉快，也会让别人愉快的。世界这么大，只要我们都能用一颗阳光的心去付出，众多的“小太阳”就一定能散发出巨大的能量。

自我管理小贴士

1.“人生的价值，在于让别人因为我们的存在而感到幸福。”这句话是我一生为之努力的座右铭。

2.不论是亲情、友情还是爱情，温暖的情感总是双向的。因此，在我们接受别人的爱的同时，我们也要懂得报恩、懂得回馈。

3.我们都要学着做一个“小太阳”，让别人感到光明、感到幸福、感到温暖和快乐。